北大经院论丛【第二辑】

全面深改关键年

QUANMIAN SHENGAI GUANJIAN NIAN

孙祁祥 ◎ 主编

北京大学出版社
PEKING UNIVERSITY PRESS

图书在版编目(CIP)数据

全面深改关键年/孙祁祥主编. —北京:北京大学出版社,2015.7
(北大经院论丛)
ISBN 978-7-301-26022-7

Ⅰ. ①全… Ⅱ. ①孙… Ⅲ. ①中国经济—经济体制改革—文集 Ⅳ. ①F121-53

中国版本图书馆 CIP 数据核字(2015)第 147054 号

书　　　名	全面深改关键年
著作责任者	孙祁祥　主编
责 任 编 辑	赵学秀
标 准 书 号	ISBN 978-7-301-26022-7
出 版 发 行	北京大学出版社
地　　　址	北京市海淀区成府路 205 号　100871
网　　　址	http://www.pup.cn
电 子 信 箱	em@pup.cn　　QQ:552063295
新 浪 微 博	@北京大学出版社　@北京大学出版社经管图书
电　　　话	邮购部 62752015　发行部 62750672　编辑部 62752926
印 刷 者	北京宏伟双华印刷有限公司
经 销 者	新华书店
	720 毫米×1020 毫米　16 开本　15 印张　211 千字 2015 年 7 月第 1 版　2015 年 7 月第 1 次印刷
定　　　价	42.00 元

未经许可,不得以任何方式复制或抄袭本书之部分或全部内容。
版权所有,侵权必究
举报电话:010-62752024　电子信箱:fd@pup.pku.edu.cn
图书如有印装质量问题,请与出版部联系,电话:010-62756370

"新常态"下的风险警示
——2015年"两会"北京大学经济学院专家学者笔谈
（代序）

自从美国太平洋基金管理公司总裁埃里安于2010年赋予了"新常态"（New Normal）这个原本就有的英文词汇以新的含义之后，他可能完全没有想到，从世界到中国，该词汇使用频率之高、使用范围之广，是其他词汇完全不可企及的。

不过，虽然词汇相同，但各方在使用时所认定的内涵还是有差异的。维基百科对此的定义是：之前较为反常的状况现在变得正常和普遍，它特别指2008年的金融危机以及2008—2012年的全球经济衰退背景下的经济金融状况。随后，西方主流媒体如ABC、BBC、《纽约时报》等多用来形容危机之后经济恢复的缓慢而痛苦的过程。而中国对"新常态"的基本解释是：经济增速从高速增长期向中高速平稳增长期过渡。最全面、权威的官方解释应当是习近平主席出席2014年APEC工商领导人峰会发表主旨演讲时提到的三个方面：第一，经济增长从高速增长转为中高速增长；第二，经济结构不断优化升级，第三产业消费需求逐步成为主体，城乡区域差距逐步缩小，居民收入占比上升，发展成果惠及更广大民众；第三，经济发展的动力从要素驱动、投资驱动转向创新驱动。

在我看来，讨论中国经济的新常态、新机遇或者新挑战，必须加深对包括经济、社会、政治等因素在内的整个国内外大环境，特别是对各类风险的描述、度量和认识，这样才能加强对这些风险的防范和管理。

"五化社会"的风险特性

我把当今国际社会的特点概括为"五化"社会，即"全球化社会""信息化社会""金融化社会""老龄化社会"和"风险化社会"。在经济全球化越来越深入的背景下,以"大智移云"(大数据、智能化移动互联网和云计算)为特征的信息科学技术的广泛运用对许多行业和领域均产生重大的甚至颠覆性的影响;人口老龄化、高龄化在不可避免地改变着资源、人口与劳动生产率关系的同时,对竞争能力和创新能力的负面影响是确定无疑的;金融经济、虚拟经济以不可阻挡的趋势发展,其高流动性、高风险性、高投机性和不稳定性的特性对整个宏观经济具有典型的"双刃剑"作用。上述特性使得我们今天生活的时代呈现出高度复杂、广泛的联系,经济、政治、社会等各种因素交织在一起,使原本就客观存在的许多风险呈现出传递范围广、蔓延速度快的特征,由此使得任何一隅的问题都可能会很快地演变为全局性甚至全球性的问题,这一切无疑都会对中国经济的增长结构的调整、经济发展的驱动方式产生深刻、长远的影响。

当今社会呈现出的一个现象是:不确定因素似乎越来越多,风险也越来越大。曾有人将21世纪的特点用英文字母来概括称作3C,即变革、竞争和危机(Change、Competition 和 Crisis),世界经济论坛全球风险2012年项目(Global Risks 2012)通过对全球469位专家的调查,将世界范围内未来10年将要面临的最大的50种风险分为"环境风险、社会风险、地缘政治风险、经济风险和技术风险"五大类。2013年再次访问了1 000位专家,让他们对50种风险中最可能增大的5种风险进行排序,排序的结果是严重的收入不平等、长期性财政失衡、温室气体排放的上升、水资源短缺以及人口老龄化的不当管理等。而在风险没有得到有效防范和控制的前提下,就会引发或者演变为更为严重的问题,即爆发危机。

根据我们的一项研究,可以发现近些年来危机呈现以下四个重要特征:

第一,危机发生的频率越来越高。从经济危机来看,有研究表明,在四百多年的近现代经济发展史上,有记录的世界范围内的经济危机在17世纪只有1次,即郁金香泡沫;18世纪1次,即南海泡沫;19世纪有3次;20世纪7次。进入21世纪以来,已经发生了"次贷危机"和"欧债危机"两大危机。从自然环境危机来看,根据国际著名的再保险机构"瑞士再"的统计,近40年来,巨灾中的自然灾害(其标准为保险损失为4 460万美元或经济损失总额达到8 920万美元)的发生频率

1970年为32次,1990年首次超过了100次,2011年达到175次。

第二,危机蔓延速度越来越快,涉及的主体越来越多。近些年来的一系列重大社会危机,均不同程度表现出类似经济危机突破国界、实时传播、高速扩散的特征。例如2011年的美国"占领华尔街"运动在纽约爆发之后一个月,就迅速发展成为82个国家中超过950个城市参与的重大社会事件。从我国来看,由中国社科院发布的《中国社会形势的分析与预测》报告提供的数据显示,"群体性事件"由1993年的8709起增长到了2009年的11万起,参与人数也由2000年的163万多人,增加到2009年的572万多人。

第三,危机的交互影响越来越深,特别是环境和自然危机,它将通过影响自然资源的分布进而对地缘政治格局产生影响,对经济和社会产生冲击。由环境或资源危机而爆发冲突甚至战争的事件在历史上曾多次发生。

第四,危机所造成的损失金额越来越大。随着全球经济的发展,社会财富的增加,单一风险标的的价值也在不断增加,从而每起危机所造成的损失金额也在逐渐增大。如2011年巨灾损失高达3700亿美元,创下了有史以来最高的经济损失纪录。

把脉中国社会的风险源

风险是客观存在的,谈"新常态"更不能忽视对风险的认识、防范和管理。几年前我曾经谈到,要重视对中国经济社会发展存在威胁的六大风险源,并呼吁建立宏观综合风险管理体系、确保经济与社会的动态均衡与协调发展。这六大风险源包括:高度复杂、联系广泛且脆弱的金融体系;具有潜在威胁的"三农"问题;恶化的生态环境;不协调的发展和失衡的结构;不健全的基本公共服务体系;腐败和商业贿赂的蔓延。上述主要风险涉及经济、金融、自然、社会、政治等各个方面。由于社会是一个大系统,来自这个系统内的不同载体所产生的风险是可能相互传递、广泛蔓延的,而不仅仅只是局限于某个领域。比如,悬殊的收入差距问题看似一个分配问题,但如果放任不管,将会演变为重大的社会问题。生态恶化看似自然环境问题,但会在极大地威胁人民生命财产的同时,严重影响经济的可持续发展;由社会保障制度和医疗保险制度的不完善所产生的风险会极大地降低人们对未来的稳定性预期,由此影响人们当前的消费,进而阻碍由消费所拉动的长期经济增长。腐败不仅仅只是一个降低政府在民众中的公信力的问题,所造成的也绝不仅仅只是动辄几千万元甚至上亿元的经济损失,而是从根本上摧毁了市场公平竞争的环境,扼杀了人们创新的意愿,而后者正是经济社会发展的根本动力。在经济全球化不断深入,中国和世界的联系越来越紧密的情况下,国际社会的风险也会通过商品、资本、货币的流动而采取跨国、跨境、跨业的方式传入我国。这就要求我们在识别、防范、管理风险时一定要有全球化的视角。

十八大之后,中国社会发生了许多新变化,依法治国、依宪治国已成社会共识;包括经济建设、政治建设、文化建设、社会建设、生态文明建设在内的"五位一体"建设中国特色社会主义现代化的总体布局在逐步推开;国资国企改革、财税体制改革、行政管理体制改革、涉外经济体制改革等正在稳步推进。尽管今年前三个季度中国经济增速回落至7.4%,但根据IMF的测算,中国经济增长对世界经济增长的贡献率高达为27.8%,超过世界第一大经济体的美国。

经过这几年的改革,特别是加大反腐力度并加速进行制度性规范,在上述六大风险中,有的风险有不同程度的降低,但不容否认,中国在发展过程中面临的挑战和风险仍然非常巨大。

警惕"旧常态"转向"新常态"时的风险

习近平总书记在阐述新常态时提醒人们,"新常态也伴随着新矛盾和新问题,一些潜在风险渐渐浮出水面"。仅从经济领域来看,庞大的地方债务、商业银行不良贷款率的上升、背离经济发展的股市、扭曲的房地产市场、严重过剩的产能、制造业空心化的倾向、国企增长动力不足、民企发展面临各种掣肘等问题,仍然是威胁中国经济发展的风险源。

而从"旧常态"转向"新常态",以下三个方面的风险更是值得引起我们特别重视。

第一,"思维定势"的风险。从中央到地方、从政府到企业,都已经习惯了过去三十多年那种高速增长、GDP至上的思维定势。思维定势是有惯性的,不是说转就能马上转的。比如说,在美国马路上开车,哪怕是过十字路口,只要是你的"路权"(如绿灯),你就尽管在规定的时速下行使,而不必因为担心突然从哪里冒出一辆自行车、电动车甚至板车或者行人而放慢速度。但如果你带着这种"思维定势"到中国马路上开车,必然出现大量事故。新常态需要新思维,而新思维的确立不是一蹴而就的。然而,如果思维不转变,就会产生摩擦、导致新的风险的产生。

第二,"'两策'博弈"加剧的风险。在从"旧常态"转向"新常态"的过程中,许多老问题、旧矛盾并不可能随之立马消失,而新的方法、措施可能无法及时跟上,在这种情况下,就很有可能出现"上有政策、下有对策"的"两策"博弈之风险,果真如此,好的政策也会产生抵消或者扭曲效应。过去的三十多年,即便是在所谓的"旧常态"下,也不是说发展战略、发展环境和约束条件等是一成不变的,否则不可能有所谓"与时俱进"的说法。然而,较长一个时期以来,有关发展方式转变的紧迫性、经济结构调整升级的必要性、创新发展的重要性等问题虽然一直是中央文件、政府规划、经济学家和实际部门热议的问题,但问题常提常新,却几乎没有改观,此现象本身就很值得人们深思。此次中国进入"新常态",全面深化改革的任务更加艰巨,各种利益集团之间的博弈冲突将更加剧烈,在转方式调结构的过程中,原本就存在的"上有政策,下有对策"的博弈问题将更加凸显和加剧,人们的思维、手段、方法等是否都能进入"新常态",减少甚至消除由"两策"博弈所造成的风险,无疑是我们必须认真对待的问题。

第三,"歪曲改革"的风险。改革已进入深水区,这无疑会遇到许多新的问题,在这方面,我们要特别警惕一种倾向:那就是将"新常态"当做一个筐,什么都往里面装。比如说贯彻中央的"八项规定",却把职工应有的一些福利待遇也借机取消,表面上看好像是在执行中央的规定,维护中央的权威,但实际上却是通过塞"私货"来干扰或者歪曲"新常态"的真实含义,让人民群众对中央推进改革的意图和最终目的产生疑虑。更值得警惕的是,某些对深化改革本来就有抵触甚至反对的人和有的既得利益集团,借"新常态"下出现的一些新问题和新矛盾,有意曲解改革,平添改革的障碍,拖延改革的步伐。比如,在"新常态"之下,经济增长速度从高速向中高速转换会有一个"换挡期",经济结构调整会有一个"阵痛期",前期经济刺激政策会有一个"消化期","三期"叠加难免在一定程度上遭遇困难和挑战,但这是发展中的问题,是全面深化改革的必经阶段,如果这一"新常态"被反对深化改革的人或集团利用歪曲,则改革将面临失败的风险。

总而言之,在中国进入一个新的历史发展时期之后,我们必须对原有的风险和新产生的风险有足够的、清醒的认识,认真做好风险应对的准备。只有这样,我们才能在风险可控的前提下,顺利完成转换增长速度、升级和优化经济结构、塑造新的增长动力的艰巨任务。

2015年是全面深化改革的关键之年,是全面推进依法治国的开局之年,也是全面完成"十二五"规划的收官之年。改革的成功需要获得广大民众的支持,需要汇集广大民众的智慧,作为中国历史上的第一个经济学科,作为在百余年的发展历程中为中国经济的发展和改革做出过重大贡献的学术机构,北京大学经济学院的专家学者们更当"跃马横戈",献计献策。在2014年"两会"召开之时,我院推出了"两会"专家笔谈,引起学界和社会的热烈反响。2015年"两会"召开在即,我院继续推出"'两会'专家笔谈",通过这种方式,各个领域的学者来共同探讨中国经济改革与发展中的焦点、热点与难点问题,为国家经济发展与制度创新提供智力支持,发挥北大经济学院作为国家智库的重要作用。

孙祁祥

2015年5月

【目录】 CONTENTS

经济关键词：惟新以为常

"新常态"的根源　刘　伟　苏　剑／003
以廉政勤政简政为指引，全面提升政府
　　公信水平　章　政／006
这一轮国企改革的新特点　平新乔／012
中国银行业的新常态、稳心态与好业态　王曙光／024

环球视野：博观约取，晓家国声

大数据时代构建具有中国特色的实体经济与金融部门
　　的良性循环　李连发／033
发挥文化软实力在"一带一路"建设中的作用　周建波／036
"一带一路"的历史转换与中国梦的实现　张亚光／039
借助"一带一路"建设，挖掘中亚市场潜力　孙　薇／043
我国优化外资结构面临的机遇和挑战　陶　涛／046
全球价值双环流架构下的"一带一路"战略　张　辉／049

宏观经济：志宏慎行，堪天下重

需求管理偏向宽松，中国经济将现
　　"长缩"局面　刘　伟　苏　剑／055
2015：经济增长7%或稍高的新宏观动力学机制　曹和平／057
新常态下的房地产业　董志勇／060
扩大消费须缩小国内价格与国际价格的差距　李连发／064

中国经济"新常态"的国际经济意义　王跃生／066
"新常态"下宏观调控政策的特点　张　延／069
如何发展创新型经济？　夏庆杰／074
国企改革、技术进步与配置效率　杨汝岱／076
基于五重均衡提升我国全球治理能力　张　辉／083
新常态下我国产业结构转型与升级　张　辉／087

财政探索：志持志筹，经济天下

促进纳税与地方性公共产品供给相匹配　刘　怡／093
必须重视增值税分享制度对经济增长方式转变
　　的阻碍　刘　怡／095
对个人所得税改革的设想　王大树／098
发展公共消费和社会保障助力全面建成
　　小康社会　李心愉／101
全面深化改革探索我国国库现金管理新模式　许云霄／104
关于当前地方债务问题的总结与思考　许云霄／107
改革税收体制，推进PPP模式　袁　诚／111
从我国财政政策的演变，看财政政策
　　的特点　张　延　邱牧远／114

金融改革：权衡轻重，一纸风行

渐进而中庸的中国金融自由化　王曙光／119
民营银行发展路径和存在的问题　王曙光／124
增加银行收益渠道是化解银行危机的根本出路　李连发／128
融资难问题须理性看待　李连发／132

利率改革
——行百里者半九十　宋芳秀 / 134
互联网金融创新发展,重在防范和规避信用风险　杜丽群 / 137
全球保险监管变革浪潮中的中国偿二代"第0年"　姚　奕 / 142
存款保险:政府以退为进,市场转守为攻　姚　奕 / 146
中国何以成为"不精明的债主"?
——原因及政策建议　陈　仪 / 149
从中国货币政策的演变,看货币政策
的特点　张　延　邱牧远 / 153
理解"新常态",避免"内卷化"　锁凌燕 / 157

信用建设:无信不立,诚为千金

加强信用教育,完善社会治理　章　政 / 163
以个人征信报告为切入,建立我国居民信用体系　章　政 / 167
构建诚信社会,政府作用不可替代　杜丽群 / 171
推进社会信用体系建设促进经济发展　崔　巍 / 175
借鉴科举制度历史经验,促进教育公平
和社会流动　郝　煜 / 178
我国编制自然资源资产负债表的意义
与困境　季　曦　龙显灵 / 181
互联网时代的经济伦理与制度建设　李　权 / 184
以商事登记改革为依托,构建我国企业信用制度　章　政 / 189

民生建设:德化黎元,道谱春秋

加快解决农民工子女随迁,促进以人为核心的新型
城镇化建设　叶静怡　张　睿 / 195

客观全面看待个人税收递延型商业养老保险　锁凌燕／199

机关事业单位养老保险改革思考　郑　伟／203

逐步将农民工加入城镇职工医疗保险体系,实现城乡
　　医疗统筹　蒋云赟／207

加快建立我国的个人养老计划　陈　凯／211

关于调低社保交费率的思考　朱南军／214

关注住房的社会保障功能　袁　诚／218

交通拥堵治理宜遵循"第三优原则"　刘宇飞／220

改革医疗保险支付制度,深化医疗卫生体制改革　石　菊／225

Part 1

经济关键词：惟新以为常

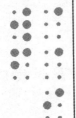

"新常态"的根源

刘 伟 苏 剑

中国经济进入了"新常态",就此,国内学术界和政界已经形成了共识。本次"两会"上,"新常态"继续引发大家的热烈讨论。所谓"新常态",我们理解,是指在新的发展阶段,出现的新机遇、新条件、新失衡等,正逐渐成为经济发展中较长时期稳定存在的特征。总之,经过三十多年的高速发展,中国经济的确出现了前所未有的新特征,这些新特征就决定了中国经济将出现"新常态"。理解"新常态",将有助于理解中国经济的新形势,也有助于设计中国的宏观经济政策。

要理解"新常态",特别是认识经济增长和宏观经济运行新特征,就要找到它出现的根源。而其根源,首先是供给和需求两个方面。因此,要理解"新常态",就得从需求和供给两个方面入手。

首先,从供给方看,影响我国经济的主要因素有三个:

第一,劳动力成本上升。要明确的是,劳动力成本的上升也就是劳动力收入的上升,也就是居民生活水平的上升,因此这是我国经济发展的结果,也是我们取得的成就。但是,劳动力成本的上升,也导致原有技术条件下企业的生产成本的上升,这对企业来说是不利的一面。劳动力成本的上升有两个原因,一是经济发展导致劳动力需求的增加,二是长期执行计划生育政策导致的劳动力供给的减少。我国近几年来工作年龄人口开始下降,2012年工作年龄人口减少345万。

第二,原材料和能源价格的上升。原因跟劳动力成本上升类似,一是经济发展导致对原材料和能源需求的增加,二是我国自然资源供给的有限。我国石油的对外依赖度已经接近60%,就是一个明确的表现。

第三,从技术进步的方式看,学习型技术进步的空间越来越小,技术进步的成本加大。

最近三十多年来,我国技术进步的主要方式是学习和模仿。这就是所谓的"后发优势"。由于改革开放初期我国的技术水平跟世界科技前沿差距很大,因此学习和模仿的空间很大。由于学习和模仿具有成本低、风险小的特点,这就导致我国的技术进步严重依赖学习和模仿,相对而言,自主创新的贡献就不大。实际上,对于企业而言,需要的技术往往不是最先进的技术,而是使其成本最小化的技术。

随着我国经济的发展和技术的进步,我国的科技水平跟世界科技前沿之间的距离越来越小,学习的空间也就越来越小,"后发优势"越来越弱。在有些领域,我国甚至处于世界领先水平,比如高铁,已经几乎不存在学习的空间。因此,学习型技术进步在我国正在迅速走向尽头。技术进步低成本的时代将迅速成为过去。

其次,从需求方看,中国经济呈现以下两个新特征:

第一,投资收益率下降,好的投资机会越来越少。随着中国经济的发展,中国经济中好的投资机会越来越少。改革开放初期,中国经济百废待兴,到处都是好的投资机会。随着经济的发展,先是最好的投资机会被用掉,接着是收益率低一点的投资机会,再就是收益率更低的投资机会被用掉。然后就通过引进国外先进技术和新产品的方式提高收益率。到现在,当学习的空间越来越小的时候,投资收益率再想提高一点非常困难,企业再也不容易找到好的投资机会。

第二,外需拉动型经济增长方式难以为继。最近三十多年来,我国采取的是出口导向型经济增长方式,出口占中国GDP的比重曾经高达35%左右,这意味着中国的总产出中有35%卖给了外国人,可想而知中国对国际市场的依赖性之大。随着中国经济的增长,中国经济的总规模越来越大,到现在,中国经济的总规模高居世界第二,如果中国出口占GDP的比重依然高达35%,这么大规模的出口,世界市场将难以消化。

　　总之,我国的"新常态"是由我国目前的要素禀赋结构、需求结构、技术水平的巨大变化综合形成的一种经济运行的新态势。要素成本上升、后发优势减弱、投资机会减少、出口前景不佳是形成我国经济"新常态"的主要因素。

以廉政勤政简政为指引,全面提升政府公信水平

章 政

"大道至简,有权不可任性",2015年"两会"的政府工作报告中,多次提到政府公信力建设问题。"用政府权力的减法,换取市场活力的乘法",是今年两会的热议话题。本文通过对政府公信力建设主要问题的梳理,提出五点基本建议。

一、政府公信力的内涵

在现代社会活动中,政府主要通过两个方面与民众发生联系。一是政府权力的获得,二是权力的使用。政府获得权力的基础是民心所向、众望所归;政府运用权力的前提应是以民众利益为归依、全心全意地为民众服务。需要注意的是,在影响第一方面的各种因素中,民主制度至关重要。但在第二个方面中,民主制度并不能确保政府的行动符合民众的利益。因此,要搞清政府行为究竟在多大程度代表了民众的利益,一个重要的方法就是度量政府信用。

高质量的政府信用,表明政府履职的能力很强,同时具有为民众服务的良好意愿。反之,低水平的政府信用,说明政府履职能力较弱,民众的利益没有得到有效维护和实现。当前,我国的政府信用建设正处于快速发展期。党的十八大报告明确提出要加强政务诚信建设;十八届三中全会提出要建立健全社会征信体系,建立信用数据统一平台,推进部门信息共享;2014年6月,国务院公布的《社会信用体系建设规划纲要(2014—2020年)》明确了推动政务

诚信建设的目标、任务和重点,为今后政府信用建设指明了方向。

评价政府信用,一要看政府的诚信水平,二要看政府的履职能力。政务诚信是社会信用体系建设的关键,新一届政府正以前所未有的力度推进政府职能转变、信息公开和反腐倡廉,极大地提升了政府的诚信水平。另一方面,随着我国宏观经济的发展,政府的行政能力也大大增强。我们认为,随着我国宏观经济的平稳发展,特别是通过对廉政、勤政、简政实践和改革深化,我国政府公信力必将会提高到一个新的水平。

二、近年政府信用建设的成就

十八大以来,随着市场在资源配置中起决定性作用的地位得到确立,转变政府职能,建设服务型、法治型政府,成为改革的重点内容。近年,我国政府职能转变的改革,主要是以"简政放权"为重心,以行政审批制度改革为突破口不断推进。2013年3月,国务院公布《国务院机构改革和职能转变方案》,在机构改革和职能转变两方面做了重大部署,决定减少和下放审批事项,减少资质资格许可与认定,减少专项转移支付和收费以及改革工商登记制度等。2013年11月,李克强总理在"地方政府职能转变和机构改革工作电视电话会议"上,强调地方政府在职能转变上要抓好三点:接好放好中央下放的审批事项;最大限度取消地方行政审批事项;加强地方政府管理服务职能。2013年5月到2014年10月底,国务院取消和下放的行政审批项目达408项,取消评比、达标、表彰项目108项,取消职业许可或认定78项,将226项工商登记前置审批事项调整或明确为后置审批,有效地激发了市场的活力。

在另一方面,新一届中央领导集体将廉政建设的重要性和紧迫性提高到了新的高度,反腐力度前所未有,廉政建设成绩斐然,人民对党和政府越来越信任。早在2012年,中共中央政治局就通过了《关于改进工作作风密切联系群众的八项规定》(以下简称《八项规定》),党的群众路线教育实践活动把贯彻落实《八项规定》精神作为切入点,突出作风建设。各级地方政府贯彻落实

《八项规定》,有力地促进了党风政风的好转和民风社风的转变。同时,纪检监察机关坚持不懈地监督《八项规定》的执行情况,截至 2014 年 12 月 31 日,共查处违反八项规定精神问题 77 606 件,处理人数 102 168 人。国家统计局民意调查显示,超过 87% 的民众认为不正之风和腐败问题有所好转,超过 77% 的民众认为查处领导干部违纪违法案件有力度。中国社科院社会学研究所对覆盖全国 31 个省(自治区、直辖市)的 7388 人调查表明,对未来反腐败具有信心的群众超过 73%,比 2011 年增长 16%,高压的反腐态势赢得了民众的支持。

三、公信力建设面临的主要问题

首先,从政策供给的角度看,由于改革已经进入深水区,政策之间的协调性和行政体制的结构矛盾问题十分突出。在中央层面,政策的协调性有待进一步提高:一是金融监管机构的大部制改革尚未启动。金融机构综合化经营趋势已十分明显,但分业监管使得协调性问题较为突出。二是部门利益已成为深化改革的障碍。具体来看,各部委在具体行使权力的过程中,衍生出各自的部门利益,由于部门之间因利益不同,政策冲突频频出现。例如,农业部和银监会关于农村专业合作社开展信用业务的分歧至今未得到解决;主导医疗体制改革的二十几个部委之间由于利益难以协调,基本医疗制度、基本药物制度、基本医疗保障等改革无法有效推进。在地方层面,地方政府的行政结构不尽合理,机构分设过细,职能交叉、权责脱节现象严重。例如,各级政府之间的关系未完全理顺;"省直管县"改革处于探索阶段,缺乏统一部署;地级市对扩权县(市)的支持力度减弱,加大了基层政府间的矛盾等,政府职能转变亟待进一步深化。

其次,从社会需求的角度看,政府的公共服务和信息公开还不能满足民众的要求。以信息公开为例,一是信息公开的范围尚未达到"公开为原则,不公开为例外"的标准。二是对于主动公开的信息,存在"三多三少"的问题,即框架原则信息多而具体内容信息少;结果信息多而过程信息少;正面信息多而负面信息少。三是对于依申请而公开的信息还存在诸多问题,包括申请渠道不畅通;答复拖延、答复内容不完整或未按申请人要求的形式答复;以保密或重要信息不公开为理由拒绝答复甚至不说明理由地拒绝答复等。例如,2013年8月,广州市社情民意研究中心发布民调显示,政府信息公开不全面、不具体成为民众主流看法。74%的受访者认为政府信息公开存在问题。其中,"公开信息不全面"占比达56%,"公开信息不具体"占比达47%,选择"没有公开"的人占比35%,选择"公开虚假信息"的比例高达30%。

四、对策和建议

第一,深化行政体制改革,建设服务型政府。根据《中共中央关于全面深化若干重要问题的决定》,"必须切实转变政府职能,深化行政体制改革,创新行政管理方式,增强政府公信力和执行力,建设法治型政府和服务型政府"。同时,必须加快政府转型,正确处理政府和市场的关系,既要简政放权,又要充分履行政府的宏观调控和公共服务职能。为此,一要明确政府的职能范围。健全宏观经济调控体系,减少和取消行政审批,发挥市场在资源配置中的决定性作用。二要创新政府的管理方式,加强和改善政府管理与服务。要发挥好行业协会和市场中介机构的作用。三要促进公共服务提供主体多元化,加大政府对公共服务的购买力度,将公共服务由政府主办向政府主导转变。

第二,建立完整的评价体系,对政府信用水平做出度量。政府应该支持第三方机构开展政府信用评价工作。同时,政府要重视信用评价结果,完善自身工作,赢得民众的信任。可以建立政府信用公开制度,增强各部门之间的信用竞争。将地方政府信用评估纳入地方政府官员绩效考核体系之中,强化鼓励机制和问责机制,促进地方政府的信用竞争。另一方面还可以通过引入市场力量,开放专业信用评估机构开展面向政府的信用,实现与市场的良性互动。

第三,推进政府信息透明化,使公权在日光下运行。推进政府信息的透明化,能大大减少腐败发生的可能性,从而有助于政府信用提高。为此,一要扩大政府信息公开的范围。转变政府观念,自觉公开政府信息,保障民众知情权。二要提高信息公开的质量。例如,财政预算决算和"三公"经费等信息的公开,应尽可能地细化到每一个条目。敢于说真话、交实底,公开政府工作的不足。三要推动官员财产申报和公示,增强民众对官员的信任。建议建立金融实名制度、公民社会保障号码制度、不动产登记制度。应设立专门的机构,加强数据信息的管理,确保信息数据被合法使用。

第四,防范各类债务风险,完善政府对自身债务的管理。首先,应加强对国债管理模型的研究。应优化国债的期限结构、品种结构和发行分配方案,完善发行机制,降低发行成本。其次,应规范地方政府的融资行为。整顿融资平台公司,规范公司治理和项目运作。明确融资主体责任,创新融资方式。根据各地财政收支状况严格控制融资规模。制定发行地方债券的准入条件。完善地方政府对自身债务的统计和报告。最后,应建立政府债务的风险预警制度和债务救助制度。建立政府信用评级机制,强化对政府信用评级。严格限定债务救助的条件、程序和方式。

第五,增强与民众的网络互动,积极引导网络舆情。当前,网络已经成为反映民意的主要平台和社会舆论的主战场。对政府信用而言,这既是挑战又是机遇。完善政府信用建设,政府必须扩大网络参与,增强与民众的网络互动,赢得网络舆情的引导权。这里,需要注意的是,应以更加开放的心态面对网络。网络已经成为民众不可缺少的生活工具,政府必须改变传统的封堵和控制态度,更加积极主动地参与到网络中,维护网络信息的自由传播。理性看待网络热点话题和对政府的负面消息,保障民众的言论自由。同时,应完善电子政务建设。让网络成为政府信息透明化的主要平台,改善政府的网络形象。做好政府门户网站、重点新闻网站、品牌论坛的建设与推广,扩大知名度。增强政府网络平台的活跃度,主动开创网络热点,增强主动引导舆论的能力。

综上所述,提升政府的公信力,建设服务型政府,既是市场经济发展的客观需要,也是为人民服务的必然要求。推进政务信息公开,保障人民群众的知情权和监督权,既能提高政府工作的科学性,又能获得人民群众的信任与支持。近年来,我们欣喜地看到,新一届中央领导集体具有极高的领导智慧、极深的为民情怀和极强的改革愿望。展望未来,我国政府的信用建设前景光明。随着我国居民个人信用体系、企业信用体系、社会信用体系的建立和完善,我国政府的信用建设也必将会快速发展并日臻成熟。

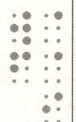

这一轮国企改革的新特点

平新乔

一、前两轮国企改革的历史遗产和这一轮改革的出发点

这一轮国企改革将会与改革开放 30 年里已经进行过的两轮国企改革有很大的差别。

20 世纪 80 年代至 90 年代初,中国国企进行了第一轮改革,时间大致在 1984—1993 年。那是放权、让利、让国企在价格双轨制下实行市场价格的边际调节,改革方式是各种各样的承包制和利润留成。总体说来,第一轮国企改革是在国企占主体地位并由计划主导的经济中动了国企的激励机制。

第二轮国企改革大体是在 1995—2004 年这 10 年里进行的。那是国企"抓大放小",国企在战略布局上做了大的调整。国资和国企在制造业尤其在竞争性的制造业里大量退出,而相对地集中投资于基础产业(开采业、能源产业)与服务产业。这第二轮国企改革的结果是,国资和国企在绝对量上都大大增加了,同时在相对比率上,国资和国企在制造业已不占主体地位了,现出一种国资主导、民营资本和外资积极参与并在制造业上占主体地位的多元格局,使社会主义市场经济的基本架构得以形成。

经过前两轮国企改革,中国的国有资本和国有企业在过去的十年里有了很大的发展。根据国家国资委 2013 年提供的数据,中国的国有资本规模已从 2005 年年底的 86 233.3 亿元增长到 2011 年年底的 466 830 亿元,即中国的国有资本在 7 年内增长到 5.41 倍。但是在分析国有资本与国企的现状时,应该注意以下几个特点：

（1）国资的快速增长,与2008—2011年中国政府的4万亿元的投资刺激计划和各级政府的融资平台投资有很大关系。

数据表明,中国国有资产的总量在2005—2008年的增速为15%—20%,但是在2008年年底到2010年年底的两年内,国资的规模就增长了2.836倍,增加额为24.2万亿元。国资的这个增加额正好与中国政府在同时期内的新增债务规模吻合。这绝不是一个巧合。它说明,中国的国资在2008年年底至2010年的膨胀,可能隐含着很大的债务风险和资产风险。

（2）目前,国有资本仍然在基础产业和服务业这两翼相对集中。这从表1可以读出。2005年年底到2011年年底,中国国有资本的60%左右是投资于基础性行业的,2005—2011年,投资于基础性行业的国资占全部国资的比重已经下降了近6个百分点,加工行业的国资只占到全部国资的10%—15%,并且这个比重在2008年以后从15%下降为10%,说明中国国资在基础产业和制造业是相对收缩的。另一方面,服务业的国有资本占全部国资的比重,已从2005年的24%上升为2011年的31%左右。即国有资本在基础产业和制造业是相对收缩的,而在服务业进一步扩张了近7个百分点。目前,国有资本仍然

表1 国有资产的行业分布　　　　　　　　　　（亿元）

年份	基础性行业	%	加工行业	%	商贸服务业	%	总和
2005	53 844.70	62.4	11 280.40	13.08	21 106.20	24.48	86 231.3
2006	60 886.80	62.36	12 113.00	12.4	24 643.70	25.24	97 643.5
2007	72 014.50	61.97	16 662.10	14.3	27 523.80	23.69	116 201
2008	80 974.30	61.49	19 877.80	15.09	30 834.90	23.42	131 687
2009							
2010	217 176.40	58.1	38 473.20	10.29	118 202.10	31.62	373 851.7
2011	265 042.90	56.77	58 190.20	12.46	143 597.80	30.76	466 830.9
6年间增长倍数	4.92		5.16		6.8		5.41

资料来源:来自万得资讯。

在基础产业和服务业这两翼相对集中。这个格局说明，中国经济在未来要提升基础产业和服务业，就必定会与国资和国企改革联系在一起。

（3）若我们进行历史的比较，就不难发现，尽管中国国有资本的行业分布相对比率在服务业是上升的，在基础产业和制造业是相对下降的，但是从绝对量上看，在基础产业、加工（制造）业、服务业，都是年年大幅度上升的。

从2005年年底到2011年年底，全部国有资产上升了5.41倍；服务业内的国有资产增长最快，同期上升了6.8倍；加工（制造）业内的国有资产在这6年里上升了5.16倍；尽管基础产业内的国有资产增长稍微慢一些，6年内也增长了4.92倍。

（4）中国国有资本在主要的基础行业和服务行业中占了主体地位。

我以2009年中国第二次经济普查数据为依据。到2008年年底为止，在十几个一位数行业中，国有资本占主体地位的行业都集中于基础行业和服务行业。在制造业里，国有资本占总资本的比重只有16.33%。而在采掘业里，国有资本占总资本比重则为52.89%。国有资本占总资本的比重在电力系统里达到40%；在现代服务业，包括专业服务业如会计师事务所行业、律师事务所行业和医务服务业里，国有资本占总资本的比重为58.41%；在基础性的公共服务行业里，国有资本占总资本的比重为69%。

在90多个两位数行业中，国有资本占全部资本的比重高的行业是：石油开采（70%）、石油加工（81.23%）、航空（65.47%）、商务服务业（59.1%）、专业服务业（53%）、公共设施服务业（70.29%）、新闻出版业（95.73%）。事实说明，国有资本在这些基础行业和服务行业里是有控制力和市场势力的，不能说这个事实与我国基础行业发展存在的短板和服务价格高企不下的局面没有关系。

二、地方版与央企版的"混合所有制"改革方案问题何在

国资和国企集中分布于基础产业和服务业，并且在上述两个产业里占据

主体地位的现状,就决定了这一轮国企改革与国资改革会显著地不同于前两轮国企改革。而迄今关于混合所有制改革的地方版和央企版方案所存在的最大问题,就是没有考虑到新一轮国企改革的特点。

十八届三中全会以来的一年内,全国各地陆续推出各种版本的混合所有制改革方案,一些央企也推出不同版本的混合所有制改革方案。这些方案的大体特征是:吸引民间资本以股权投资方式来参与国资和国企控制的项目;在一些产业的某些环节和侧面向民营资本开放;在国资与国企的治理结构上也做相应调整,进一步按市场规则完善混合所有制的公司治理结构;等等。这些方案设计都是值得肯定的。但是,这些改革方案比较注重公司治理结构的改革,侧重于公司层面的混合所有制改革,而没有考虑价格改革。这当然也是可以理解的,因为价格改革不是一个地方决策者或者个别企业决策者可以决定的,价格改革必须是一个顶层设计。但是,如果没有价格改革,则这一轮国企改革是无法启动的。须知,国资和国企之所以需要进一步的改革,其主要原因不是央企、国企的公司治理结构不完善。国企的组织架构当然需要进一步完善,但这不是主要问题。主要问题发生在国企尤其是央企的市场行为、定价行为上,而这与国资、国企在基础产业和服务产业里的主体地位和市场势力有着内在联系。众所周知,基础产业和服务业在相当程度上是具有自然垄断或者行政垄断性质的,对于在这些产业里占据主体地位的国资和国企,如何改变其定价行为、如何提高市场的有效性,这才是新一轮国企改革的主要任务。而迄今为止的混合所有制改革的地方版方案和央企版方案,恰恰是在这一点上语焉不详。

所谓"混合所有制",大体有三种含义:第一种是企业层面上的混合,一家企业的产权里既有国有资本,也有民营资本;第二种是产业层面上的混合,一个行业里,既有国有企业,又有民营企业;第三种是国民经济层面上的混合,一些产业是国有资本经营,另一些产业由民营资本的企业经营。

先看第三种意义上的混合所有制。这种混合所有制,在20世纪20年代列宁的"新经济政策"时期就已经有了。我国在20世纪50年代实际上实行这种混合经济,后来在50年代中期到70年代中期取消了它,到70年代末开始的改革开放又恢复了这种混合经济。因此,这种意义的混合所有制经济不是新发明。

第一种意义的混合所有制,即企业层面上的混合,也不是新鲜事。只要国企上市,其产权结构里就既有国有资本,又有民营资本、私人资本。各种私募基金和公募基金的投资,做的就是这一类混合所有制方面的事。这种意义的混合所有制改革当然还需要继续推进,但从思想理论上说,也不是创新。

第二种意义的混合所有制,即产业层面的混合所有制,是既新又不新。说它不新,是由于现在中国的绝大部分产业都已经对民资开放了。在大部分产业里,既有国资,又有民资,已经是"混合"了,再谈产业层面的混合所有制岂不是多此一举?但这种意义上的混合所有制经济有一层新意,即它会改变企业在市场上的定价行为,有可能成为纠正当今中国基础产业和服务业里国企市场势力过大问题的一剂良药。

迄今为止的各种地方版与央企版的混合所有制改革方案的问题就在于,这些方案一般是把改革的重心放在企业层面的混合所有制改革上,而没有把重点放在产业层面的混合所有制改革上。只有顶层设计的改革方案,如最近正在热议的电力改革方案、药品价格改革方案等,才是我们这里所说的第二种意义的混合所有制改革。只有将这一类涉及价格改革的混合所有制改革方案与地方版、央企版的混合所有制改革方案结合起来,这一轮国企改革才有可能启动。

三、新一轮国企改革的特点

因此,混合经济里的国企改革,不仅仅是国资、国企产权改革、股权变动和治理结构的完善,更重要的是产业内打破垄断、引入多元竞争主体、改变定价过程与定价行为的改革,是产权改革和价格改革在21世纪的中国经济的"新常态"下的一种更高层次的结合。

从这样的角度看问题，我们就不难发现，新一轮国企改革具有与以往两轮国企改革不同的特点：

第一，与20世纪80年代国企改革时国企普遍具有接受市场调节的动力不同，这一轮国企改革，国企本身基本上没有欢迎、接受、参与市场调节的动力。为什么？原因在于，在20世纪80年代，国企出售产品的计划价格是远低于反映资源稀缺度的市场价格的，一旦允许双轨价格，国企将计划外部分产品按市价销售，是一种利益改进。计划价格下允许另一部分产品按市价交易，是一种保持企业各方既得利益为前提的帕累托改善。可现在，国资与国企大部分分布在垄断程度高的采矿、能源与服务业，而混合所有制改革与价格改革结合的结果便是打破垄断，这势必会影响拥有市场势力的国企的利益。从国企本身的个别利益看，并没有启动多元化竞争的动力。

第二，与20世纪80年代在制造业、加工业普遍实行价格双轨制为改革突破口不同，这一轮改革，涉及能源价、电价、电信价格、医药价格等，基本上无法实施双轨价格。为什么？80年代的双轨价格是在计划管住一部分资源的前提下让增量按市场价调节，市场价是放出来的。而靠"放开"形成的市场价之所以有效，原因在于制造业、加工业比较接近于垄断竞争，自行定价的过程比较接近于竞争状态。现在的电力改革、医药改革不是不可以实施"增量改革"，但在电力市场与医药市场比较接近自然垄断或者行政垄断特征状态的前提下，如果一方面卡住"存量"，另一方面放开"增量"的市场定价，这放开部分本身仍然是自然垄断或者行政垄断的市场价格，"放开"后会使产业更加垄断，而不是更趋竞争性。

第三，20世纪80年代的国企改革主要在制造业领域，其涉及的产品基本上是私人品，而这一轮国企改革，由于涉及的领域是矿产、能源与服务业，这些领域的国企在相当程度上代表了国家的公共利益，是公共品的提供者。这类大国企也生产私人品，追求商业利益，但同时又提供网络产品（如铁路、金融网、通信网等）。国企尤其是大国企是公权与商业利益的结合体。这与"抓大放小"以前大量地将商业利益作为主要运营业态的小国企是很不相同的。那种以商业利益为主要业态的小国企在第二轮国企改革中已基本卖掉了,现在剩下的国企,多数是公权与商业利益的结合体,对这样的国企不能简单地实行"抓大放小",更不能实施"MBO",卖掉完事。

综上所述,这一轮国企改革,国企本身不是改革动力;这一轮改革不能像80年代那样简单地靠"放开价格"来实施;这一轮改革更不能像90年代至21世纪初那样主要靠"卖国企"来实施。像最近出台的药品价格改革方案,有些决策机构未经充分讨论与论证,未经广泛深入的科学研究,就让医药市场参与方在48小时内表态,就要放开药品价格,这种草率的态度是一种极端不负责任的做法。

四、新一轮国企改革的基本原则

新一轮国企改革不能指望国企自发推行,不能简单地靠"放开价格"来实施,也不能走大面积地出售国企、实行 MBO 的道路,那么,如何进行新一轮国企改革呢?

这里提出三个原则,即"三分离"原则:公权与私权分离;公益性与商业性分离;网络与接口分离。

(一)公权与私权分离

社会主义经济要以公有制经济为主体,这一准则是不能动摇的。任何经济必定含有公权经济与私权经济两部分。古代中国的井田制,实质上"井"字中间那块公田就有维持团体生存的保险功能。社会主义经济的发展当然包括公有与私有两种产权经济都发展,但是,私权经济是通过市场交易而运作的,而公权是用来制约私权交易又保护私权交易的,公权是市场经济的边界。国企与民企不同,民企一般只代表私权,国企则既代表部分私权,又代表公权,国企是政权力量与商业单位的合二为一。国企作为政权力量与商业单位的结合体,这一方面会使国企与民企在国内市场竞争中天然具有优势,另一方面也是更危险的,会使公权受到市场的侵蚀,滋生腐败。因此,合理的设计应该让国企行使的公权与私权相分离:让国企所包含的私权经济活动商业化、市场化、企业化;而让其代表、行使的公权由一个中立的、代表全体人民利益的第三方的事业单位来实施。因此,国企今后可以分组,行使公权的国企活动分离出来成为事业单位,实施收费;行使私权的国企活动与民企逐步一致,也就是让"国企"消亡,最后,企业不分民企与国企,只叫企业。最多有中国企业与外国企业之分。

(二) 公益性与商业性的分离

在眼下,不论是国企还是民企,都是公益性与商业性的统一。但是,不同的企业,由于公益性与商业性之间的相对比重不同,或者由于兼顾公益性与商业性的方式不同,就分为不同类别的企业。一般的民企,也得尽公益性的责任,这就是通常讲的企业的社会责任;但民企的主要经营活动是商业性的,重在营利,其所尽的公益性责任大多也是通过守法、不欺、提供优质商品这样的商务活动间接地体现出来的。

可国企则不同,国企一般会直接承担公益性的经济业务,如提供地铁、公交运输,提供城市维护与网络安全,提供金融稳定与安全等。国企的这种公益性目标,并不是主要依靠私人品的提供来间接地实现的,而是需要由国企投入大量人力、物力资源来加以保证的。因此,现在的国企,在公益性与商业性的统一上与民营企业相比有两个重要区别:(1) 国企更多的是直接地,而不是间接地承担公益性(非营利性)的经济运行功能的;(2) 国企对公益性的资源投入占其全部投入的比重远远高于民营企业的公益性资源投入占其总投入之比重。

这样一来,国企就自然分为两大类:一类是以商业性为主、公益性为辅的国企;另一类是以公益性为主甚至是以公益性为其基本业务的国企。有些国企由于其承担的公益性任务的资源占比较高而相应降低其上交国家利润的比例,这是国企的现状。

但这种公益性与商业性混同的国企体制不可避免地为国企管理带来很多麻烦,主管部门很难核清一个企业的公益性与商业性的相对比重。比较妥当的制度安排是,凡是直接承担公益性的经济活动,就交由公有的、全民所有的事业单位去承担,而商业性活动则由企业单位来承担,这就要将目前正在运行的国企分类,公益性的国企改为事业单位,靠收服务费、收网络运行费来生存与发展;经营性的国企经济活动可以由企业来经营,这样就逐渐淡化了国企与民企的区分。

(三) 网络与接口的分离

目前的国企尤其是央企,大多分布于电力、交通、电信、金融服务与商贸服务产业,这些都是网络产业。网络产业的一个特点是,其产品与服务都是"联合产品",而不是单独产品。所谓"联合"产品,不是指汽车那样的由部件组装成的所谓的"联合"产品。实际上,汽车仍然是单独产品,因一辆汽车仍可以单独定价,其半成品——零件的定价在汽车定价前,已在一个一个上游工序中完成了。网络产品之所以叫"联合产品",是指网络中提供产品与服务的多个供应方与网络中需要购买的多个需求方是同时定价的,一次网络交易可以同时完成 n 个定价。这种 n 个价格同时决定的特点会让控制网络、提供网络平台服务的运营商产生巨大的垄断性。如果不规制网络平台定价,或者由网络运营商既决定网络上供应方所获得的价格,同时又决定网络上需求方所付出的价格,则网络运营商通过"网络上需求方出价 - 网络供应方要价 = 过网费"的公式,就可以获取巨额的超额垄断利润。而这就是中国电力、电信、金融业内大国企运行的现实模式。

对这样一种垄断定价模式,采取简单地"放开价格"的改革行吗?不行。在网络独家垄断的条件下,放开网络定价,那只会让网络运营商更加霸道,服务价就会只升不降。改革的方式只能是"有管有放",管住网络输送价,管住过网费,放开接入价,即放开入网供应方的要价与入网需求方的出价。一方面,如果不放开接入价(指网络上供求双方的获取价与付出价),则网络产品的服务定价就不可能通过供需双方的竞争而降下来；另一方面，如果不管住网络的过网费，如果不让输配电价与过网费成为一个固定的价格加成，那就无法形成网上供需直接竞价的局面，无法实现网上产品、服务定价的有效性。

因此，"管住过网费，放开接入价"这种"有管有放"的价格改革才是这一轮国企改革所需要的。这种"有管有放"的价格改革不是20世纪80年代的价格双轨制。价格双轨制是对同一种产品实行计划价与市场价，而我们现在提出的网络产品、服务价格的管与放，是同一个网络系统中不同产品与服务的不同定价方式，即网络服务价要管住，网络接口上的供给价与需求价则要放开。

回到现实，像电力这样的行业，政府就应成立代表全民利益的电网事业单位，其收取的输配电价应通过透明、公开的程序来由公众来决定。在决定了过网费之后，用电方与供电方可以直接见面，由竞争决定供给方收获价与需求方付出价。

由此可见，一方面政府不应该放弃基本网络服务的定价监管，另一方面又应大力推动入网接入价的竞争放开。国家如放弃对基本网络服务定价的监控，是一种对全民利益不负责任的行为，比如，在眼下简单宣布药价完全由市场放开，让利益相关者通过谈判决定大批进入医保清单的药价的做法，就是不妥的；另一方面，政府对入网接入价的种种限制，同样也是不妥的。

如进一步论证，目前在能源、交通、城市公用事业与服务产业中的大批国企就应当分类为网络服务提供者与网络接口上的供应商两类。作为网络服务提供商（如国家电网、铁路网络所有者与管理者等）的国企，其职能应由代表全民所有制的事业单位来行使，对其定价实施社会监管；而对作为网络接口的供应商的国企（如发电厂、售电公司等）则应该让其商业化、市场化、企业化，其产权可以股份化，使这类国企与民营企业的区别逐渐淡化。

事实上，在20世纪20年代的"新经济政策时期"，列宁就看到，在向社会主义过渡的经济中，存在着两类国有企业：一类国企是经营性的，是可以赢利的；另一类国企是社会需要的，但不能赢利（如生产生产资料的重工业）。列宁主张以第一类国企的利润来供养第二类国企，可能这样还不够，还需要财政上对第二类国企进行支持。这第二类国企就类似于我们这里讲的作为社会经济命脉的网络,它应该控制在代表全民利益的机构手中。而列宁所说的第一类国企,就相当于我们现在所说的竞争性国企或者商业性国企,当年列宁就指出过,之所以要以国家所有的方式来组织这类企业,原因还在于社会主义国家是出现在经济落后的农业国里,因此需要利用国家政权的杠杆来加快向社会主义的过渡。① 即之所以将部分竞争性、经营性的企业收归国有,实行国企的组织形式,还是因为我们落后。我们不应当把这第一类国企的制度形式凝固化。

只要公有制控制基本的网络,就等于控制了全国经济的命脉,社会主义经济的性质就可以得到保证,基本网络就能造福于全体人民。另一方面,放开网络接口,让网络上无数的接口培育起一个个新的经济实体,放开竞争,这就可以提升经济活动与经济运行的效率,实现资源的有效配置。

五、国资国企改革的目标模式

如果上面谈的"三分离"原则是成立的,那么,改革之后的国资与国企的目标格局会呈现如下:

(1)公权经济、直接的大型公益性经济活动、交通能源与服务产业中的基本网络服务,由代表全民利益的国有事业单位来经营,其基本收入形式是收取服务费。国家公共部门对于这种基本网络经济部门、交通能源也可以实施出租的方式,让私有企业来投资和经营。如列宁时期就将矿产出租给农民开采,国家收取30%的收入。②

(2)国企目前从事的私权(即排他性的可交易的权益)经济、商业性的经

---

① 列宁:《俄国革命的五年和世界革命的前途》,载《列宁论新经济政策》,人民出版社,2001年版,第231—232页。
② 列宁:《在莫斯科省第七次党代表会议上关于新经济政策的报告》提纲,载《列宁论新经济政策》,人民出版社,2001年版,第143页。

济活动、属于网络接口上的企业,则渐渐按市场方式以公司制的方式经营,这样的公司与民企之间的区分会逐步淡化,最后国内企业都是民企,没有国企与民企之分。

（3）这是一种有国有事业单位、有国资但无国企的经济。经济中企业都是民营的,但国资会壮大、增长,国资控制全部或大部分公共事业单位,国资可以在民营企业中投资控股。即使控制了民营企业的大部分股权,企业仍与一般民企差不多,仍然是民企。国资是经济的主导,因为它控制着公权经济,控制了公益性事业单位,也可以控制部分民企的股权。

（4）政府放开私权经济、经营性商业企业的产品与服务的定价过程,放开网络接口价,使从事这些活动的企业参与与需求方、与同行竞争者的竞价过程。政府对公共事业单位公权经济活动的定价,对公益性服务的收费,对基本网络过网费的定价,实施价格管制,管制的形式主要是目标收入确定后的固定收费标准。但收费标准的确定也要通过可控的竞价过程来实现,在输配电价、过网费、基本药品价格等的确定过程中,应该在政府主导的第三方平台的主持下实施竞拍、询价机制,这种定价与传统的"计划价格"有着天壤之别。

本文为国家社会科学基金重点项目"使市场在资源配置中起决定性作用和更好发挥政府作用研究"（项目批准号:14AZD010）的阶段性研究成果。

中国银行业的新常态、稳心态与好业态

王曙光

一、经济新常态:"两句话""三期叠加"和"四个转变"

中国经济新常态,我认为可以概括为"两句话""三期叠加""四个转变"。不要把"新常态"理解得那么复杂,新常态用老百姓的话来说,就是两句话,第一句话是:"好日子已经过完了。"中国经济年均增长两位数的突飞猛进的好日子已经过完了。这对银行业意味着什么呢?意味着银行业黄金十年增长期已经宣告结束。以往的银行业,一开门就有钱可赚,存款很丰厚。那是因为金融抑制政策导致银行业几乎是老百姓唯一的投资渠道,老百姓的钱只能涌到银行去,没有其他渠道可以选择,因此,银行业从来不愁存款。同时,银行业的贷款质量在以往十年中也比较高,包括农村合作金融领域,以往不良贷款率达到20%—30%以上,最近十年农村合作金融的贷款质量也是突飞猛进的,很多地方都把不良贷款率控制在5%乃至3%以下。以往这十几年,企业景气很好,经济发展很快,银行存款不愁,贷款质量相对较高,利差很丰厚,这就带来我们银行业十年的黄金增长期。

今天银行业的存款拿得已经非常艰苦了,除了网络金融带给银行业的脱媒现象之外,老百姓其他的投资渠道也增多了,他们到银行来存款越来越难了,这导致银行的存款增长速度急剧下降。同时,贷款增长速度也在下降,以往找好企业是很容易的,但是从2013年开始,银行业的绩效下降,主要原因在于贷款质量不能保证。在存、贷款两方面的压力之下,银行业的好日子已经过完了,银行业要准备过冬天,不光是中小银行要准备过冬天,大型银行也要准备过冬天。这是我们面临的一个极大的挑战。

第二句话叫做:"老路子不能再走了。"以往的经济增长靠大规模的资本投入,尤其靠地方政府大规模的资金投入,举办公共工程,进行大规模的基础设施建设等,拉动了中国的高速经济增长,也导致地方政府的债务平台十分庞大。这有利有弊,利是能够极快地拉动中国的经济,但是弊在于不可持续,而且导致高污染、高能耗。所以,老路子不能再走了,这种模式已经成为中国未来增长的障碍和羁绊。所以,新常态可以用两句话概括,"好日子已经过完了,老路子不能再走了",就是这么简单。

"三期叠加"。我的概括是:第一是经济运行的下行期。下行期意味着中国的经济将进入新的平稳且稍缓的增长周期。第二是产业结构的转型期。中国产业结构将会有一个深刻的转型,就是由原来的高能耗、高污染、不可持续的产业结构转变为低能耗、低污染、高产出、可持续的产业结构,这种产业结构的转型势必意味着银行很多原来的优质客户,将会成为它的包袱,甚至会成为国家的包袱。第三是增长方式的转变期。以往的增长靠高投入,这种增长是不可持续的,将来增长的主要动力不是来自政府的大规模投资,而是来自制度创新、技术创新,来自内生型的增长。

"四个转变"。第一个转变就是经济增长由速度关注型向质量关注型转变。统计局为了凑出8%,政府为了"保八",耗尽心血,殚精竭虑,为什么非要凑这个数目呢?是因为中国人心目中对增长速度有一个迫切而焦灼的期待,一旦增速缓和下来之后,整个国民的信心就下降,人们的心态很浮躁,都期待有一个高增长,每年恨不得10%,我们以往几十年已经习惯了高增长率。但是,未来中国要从速度关注型到质量关注型,我们要关心这个增长到底质量有多高,到底带给老百姓的福祉有多高。

第二个转变是从外生增长型到内生增长型转变。我们的经济增长以往主要是靠外力推动的。宏观经济学里面,讲到总需求包括了投资需求、消费需求、政府需求和国外需求这四大部分,我们叫四轮驱动。我们原来的四个轮子当中有三个轮子是极端厉害的,一是投资需求,二是政府需求,三是国外净需求,因为中国是外向型经济,大规模经济增长需要大规模的出口来拉动。但是这四个轮子当中,有一个轮子不行,就是我们的消费需求这个轮子很差。我们说的内生增长不光是指刺激内需,而且是要依靠科技推动来增加中国增长的内在动力,这叫内生型的增长,而不是仅仅依靠外力来推动。前几年中国简单地把四万亿投下去,以为就能拉动中国的国内需求了,这是一个极端不理智的办法,我们到现在还在为那四万亿埋单。将来必须要靠技术创新来拉动内生型的增长,这才是真正有效的增长。

第三个转变,是从"过度发展"向可持续和谐发展转变。"发展"这个词,中国人把它用滥了,我们已经"过度发展"了。好多发展实际上是不适当的,或者是"坏的发展",我们中国人都习以为常。比如说一次感冒就要花一千块钱输液,那叫发展吗?医疗产业是发展了,但是健康发展了没有?我们的房地产发展了,老百姓的福利增加了没有,贫民窟减少了没有?我们将来要实现可持续的发展,要实现人和环境、人和生态的和谐发展,甚至还包括人自身的乃至全民的发展。

第四个转变是,从关注增长向关注民生转变。新一届政府这一两年的行动,我有一个深刻的感受,就是感到新政府更加关注老百姓的福祉,更加关心人民的自我发展,关注民生的进步。从社会保障体系完善到医疗体系改革,从棚户区大规模改造到农村发展,都在提倡关注民生。中央也一直强调金融机构要俯下身子,为微型客户服务,这也是关注民生。因为中国还有将近一亿两千万贫困人口。所以,如果不从关注民生的角度出发,只谈增长的话,意义是不大的。

二、银行业的新常态:六个挑战

现在中国正在大力推行利率市场化,也在准备推出存款保险制度。我们以前认为银行破产是不可想象的,我国银行业地位非常稳固,这是在中国传统金融体制之下,在我国金融抑制政策里必然包含的一个制度结果。但是今天,这个神话已经结束了。以往我们没有为银行破产准备好任何制度架构和保障,现在准备好了,就是存款保险制度。存款保险制度的潜台词是一般公众的存款安全基本有保障,但是银行随时可以死掉。因此,下一个阶段,中国破产的银行将会呈指数级增加。中国银行业洗牌的时间,在2015年终将到来。

利率市场化和存款保险的推出,给银行业尤其是中小银行业带来的冲击是非常大的,中国银行业将受到六个方面的挑战:

第一个挑战,利差缩减的挑战。以往银行业为什么过得这么滋润呢?是因为利差非常稳定,现在存贷差不断缩小,把银行业的日子弄得越来越紧,利润赚得越来越少,这是很多中小银行所不能适应的现实。

第二个挑战,银行业定价能力差的挑战。当存款和贷款利率充分市场化之后,定价能力非常差的银行会死掉,这些银行不知道对不同行业、不同风险、不同信用等级的客户进行差别化定价,没有完备的定价模型,这样的银行会加速死掉。

第三个挑战,创新能力差的挑战。银行面临着新的业务转型,原来靠存贷利差生存,现在更多地要靠资本占比较少的那些中间业务、表外业务的创新来实现转型,实现稳定的盈利。但是大多数银行在创新能力方面面临瓶颈,因为大家过好日子过惯了,不太清楚怎么来创新,产品的创新能力相对比较差。

第四个挑战,企业风险加大的挑战。企业风险是银行风险的主要来源,除了宏观大势之外,行业与企业风险是非常关键的因素。我们看到,有几个省份已经开始由于企业担保链的断裂,导致了银行业大量不良贷款的出现,发生多米诺骨牌效应。

第五个挑战,银行业跟实体经济脱钩的挑战。银行业的很多资金都在体内循环,没有到实体经济当中去,这是银行业内人士共同心照不宣的一个秘密。每个银行都把它的钱放在其他银行做基金、做财富管理、转存,实行体内循环,与实体经济关系甚少,这是中国银行业最大的隐患。

第六个挑战,破产风险加大的挑战。银行业已经进入了破产的密集期,

2013年江苏射阳农信社发生挤兑事件,未来这样的事件会屡见不鲜。这里面反映出来中国合作金融领域存在深层的体制问题。破产风险加大,不论对于大银行来讲,还是对于小银行来讲,都是一样的。

三、银行业的好业态:六个标准

银行业的好业态是什么标准呢?我把它总结为"六化"。

(1)金融服务下沉化。银行以往都是找大的客户,现在我们要把自己的服务进一步向微型客户下沉,向中小企业下沉,这个下沉并不仅仅是银行要尽到社会责任这些冠冕堂皇的理由,而是出于银行盈利和安全的双重理由。因为在经济下行期,只有小客户、微型客户那边才有稳定的盈利,而大客户的风险很大。从安全的角度来讲,银行也应该更多地下沉服务,把这个坚持好了,银行将永立于不败之地。

(2)金融流程网络化。我们今天必须吸取互联网的思维,来改造银行的业务流程。银行的信用管理流程、信用评估方法、风险管理流程、贷后管理等,都要跟互联网嫁接,要进一步降低成本,增加大数据分析。运用互联网金融思想来改造银行的传统业务流程,我相信未来每个银行必须要做的事。

(3)金融服务在地化。银行要着重于加强对当地社区金融资源的发掘,深耕细作,实施在地化服务。银行不要急于扩张,要坚定地走在地化服务的道路,把自己的社区银行做好。实际上招商、兴业这些巨型的股份制银行,都在努力做社区银行,把自己的服务下沉到每一个城市社区,每一个农村社区。我今年在甘肃张掖地区的一个村子考察,发现这个村子的医疗站同时也是中国银行的金融服务站,里面有比较完善的电子终端和机具。这也就意味着像中国银行这样的以高大上的海外业务为主的巨型银行,也在扎根农村社区,提供在地化服务。

(4)金融配置均衡化。我国很多地区的金融资源的配置是不够均衡的,还有很多地方缺乏金融服务,发达地区也存在一些金融服务空白区。我们的银行要把服务延伸到那些金融服务空白区去,开拓一些新的市场。

(5)金融民主化。将来随着互联网技术的发展,我们的金融体系不再是原来垄断性的金融体系,而是一个大众的金融体系,草根的金融体系,每个人进入门槛都非常低的金融体系,从而实现金融的民主化。

(6)金融自由化。这个自由化,既包含着利率的自由化、汇率的自由化,也包含着将来设立机构的自由化。随着中国金融自由化的不断推进,中国的金融抑制措施慢慢消除掉了,将来会达到一个竞争比较充分的金融业态。

以上就是我说的金融好业态的六个方面的标准,即金融服务下沉化、金融流程网络化、金融服务在地化、金融资源配置均衡化、金融民主化和金融自由化。

四、银行业稳心态:须牢记"君子务本"

未来我国银行业应该怎么做呢?孔子说:"君子务本,本立而道生。"我认为银行业主要是要做好以下四项工作:

第一,抓品牌,注重品牌建设。在银行业高度竞争的今天,你的银行的公众识别度有多高呢?老百姓对你是不是有认同感?你的美誉度有多高?这取决于银行家抓品牌的能力。所以,进行品牌文化的建设,是当务之急,而不是一个无关紧要的工作。

第二,抓风险。我们要高度重视最近出现的结构性的产业风险,比如房地产;要高度重视企业担保链带来的风险,要把风险管理作为第一位。银行就是一个风险管理的部门,银行经营的就是风险,这就是我们的"本"。

第三,抓产业。银行业不要浮躁,而要静下心来,深刻分析当地的产业结构,看看自己的区域有哪些是优势产业,有哪些优势客户?要研究区域经济的特点,培养产业链,创新产业链金融,为未来过冬天做准备。

第四,抓人才。银行业的转型是靠人才去支撑的,我到很多农村商业银行、农村合作银行以及城市商业银行去考察,发现这些中小银行的最大瓶颈,不在于存款和贷款这些表面的东西,而在于人才极度缺乏。当银行业业务由以存贷为主转向以中间业务、表外业务、财富管理、互联网金融服务为主之后,当利率市场化汹涌澎湃之际,金融创新和定价等方面的人才储备不足就会极大地制约银行业的发展。

总之,在经济下行和经济转型的今天,银行业要记住"君子务本",把自己的本行做好,练好内功,不要急功近利。这样,银行业才能在未来的新常态中保持稳心态,共同创造整个银行业的好业态。

Part 2

环球视野：博观约取，晓家国声

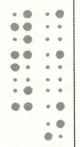

大数据时代构建具有中国特色的实体经济与金融部门的良性循环

李连发

有人说算卦、易经也是大数据。数据处理能力的提升,不仅需要有关金融风险、金融危机、金融创新、金融监管等方面的单独的理论,而且需要这些理论的整合,需要对这些理论之间的相互影响和传导机制有深入的把握。

大数据条件下,比较容易发挥融资方声誉资本的作用。当企业违约或经营不善的时候,惩罚机制导致的企业在声誉方面的损失,就会给企业带来较大的成本;这种成本会使得企业避免违约和经营不善的情况出现。

大数据的存在还会从别的方面影响合理信贷配置的状态。比如,大数据的存在使得金融部门更容易发掘好企业和成长型企业,能够更好地收集贷后管理所需要的信息,更好地发挥金融部门在数据化、信息化方面的优势。

一、金融机构混业经营与分业经营

全世界其他国家的金融体系都没有很好地解决银行资产的收益来源问题,中国现在有条件有时间重新开始设计,把剩余的储蓄转化成正向良性拉动的技术进步和生产率提高。金融风险根源在于,将剩余储蓄错误地配置到恶性拉动的负向外部性的经济活动当中去了。如果这样,资产负债的失衡就会迟早在金融部门的一个类型的金融机构中爆发出来,将金融机构人为地在业务上进行隔离,并没有消除金融风险的根源。

将最好的企业留在银行资产负债表的资产方,为银行的资产提供收益,这与现在扩大直接融资渠道的说法似乎不一致,不搞混业经营行吗?让银行较好的信贷资产可以继续持有下去,从好企业直接融资获得的这一块收益,银行要分享,不然银行存款人的收益从哪里来?

从长期看,分业经营实际上给银行业带来的风险更大,因为银行资产的收益都被侵蚀了,而银行负债客户要求的收益越来越高。银行为了留住负债客户的市场份额,就要去做高风险的事情。银行本来有了解资产方客户的信息优势,基于对这些银行客户的较弱的了解,金融市场、非银行金融机构都为这些银行客户服务,将这些银行客户逐渐从银行拉走了。但是,监管政策就是不让更了解这些资产方客户的银行做那些金融市场和非银行金融机构提供的服务。对银行而言,正规承担风险的事情不让干,正规承担风险指的就是混业经营条件下其他市场主体能做的事情银行都可以干,银行就会被迫去承担更高的风险。正本清源,还是要允许银行拥有承担正规风险、获得收益的渠道,这也是避免金融危机的办法。为了要使银行资产的收益得到保证,使银行资产风险和收益的匹配具有竞争力,银行要搞混业经营。

二、"钱荒"还会出现吗?

银行为了适应日益艰难的生存环境,不得不降低自身的流动性储备,将流动性资产转换成为收益型资产,以获得更大的收益。在我国法定存款准备金率居高不下的情况下,较易出现"钱荒"以及相对欧美而言较高的货币市场利率。在现有的银行生存环境和生态条件下,今后继续出现严重的"钱荒"现象的可能性还是存在的。

解决银行的流动性钱荒、货币政策传导机制设计、货币政策实施工具优化设计等方面都可以放在金融体系重新构造的顶层设计中一起加以考察和构思,而不是简单地、悲观地一定要跟着照抄别人的东西。比如,就货币政策传导而言,如果与金融体系状况相割裂,不去明确到底怎么传导、最终传导目标是什么,孤立地考察货币政策传导机制是空洞的。

三、关键是"催化剂"

这不仅是银行部门的问题,而且是整个金融体系的一个问题,改革的方向和出路关键在于扩大信用资产收益的来源。改革的目标是,以较低的成本发现那些需要信用融资的企业和借款方,而且识别出那些可以(在信贷供给方自愿的意义上)发放信用贷款或者其他信用融资产品的企业借款方,而且将信用融资的数量控制在合理的范围,将信用融资的成本也控制在合理的范围之内,实施这一资产支持收益决策和活动的机构同时可以较低的成本将这些资产的合理收益,转化成为具有竞争力的存款方或者理财方的收益,鼓励社会储蓄,形成一个储蓄到投资的金融支持实体经济的良性循环。

从实体经济部门未来发展预期来看,在开放经济条件下,我国的储蓄大于投资状况可能会在劳动生产率长期提高、人均收入不断提升的背景下维持,尤其是会有较多的储蓄需要获得金融上的回报,为此,金融部门具有重要的作用,金融政策和货币政策顶层设计具有较大的改善空间,尤其在如何更好地为实体经济服务方面。

我们现有的这些金融储蓄的资源,能够配置得合理,配置得好,也就是说放大辐射性好的、具有正向外部性和溢出效应的金融活动,这才是金融真正要做的。存在差异性的企业面对的是不同的信贷数量。对于那些辐射性和正向效应比较强的企业,信贷配给上限应该较高,而这些企业所表现出来的产品特征、技术进步、管理水平、公司治理、信用资本等一般也都比较好,与这些好企业相关联的其他企业,相对那些不与这些好企业相关联的企业情况而言,所能获得的信贷配给数量也应该更多。

大数据时代构建具有中国特色的实体经济与金融部门的良性循环,关键是如何运用大数据,"催化"金融与实体经济之间的良性循环,"催化"思想市场与消费市场之间的"化学反应"。

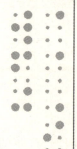

发挥文化软实力在"一带一路"建设中的作用

周建波

"新丝绸之路经济带"和"21世纪海上丝绸之路"旨在借用古代"丝绸之路"的历史符号,在和平发展的旗帜下,主动地发展与沿线国家的经济合作伙伴关系,共同打造政治互信、经济融合、文化包容的利益共同体、命运共同体和责任共同体。此概念提出一年半以来,国家成立了"一带一路"建设工作领导小组,在政府和民间都引发了热烈的探讨,不断有专家学者为之建言。除了相应的机制构建和硬件建设,文化软实力的重要性也上升到相当的高度。

"新丝绸之路经济带"和"21世纪海上丝绸之路"的名字本身,就体现了文化软实力的作用。"一路一带"直接继承了"丝绸之路"的遗产,利用古代丝绸之路沿线国家共同努力所创造出的灿烂历史,作为促成当今合作的重要情感纽带。

丝绸之路起始于中国,形成于公元前2世纪与公元1世纪之间,直至16世纪依然在使用,作为连接古代亚非欧最为重要的商业贸易路线,丝绸之路是东西方经济、政治、文化交流的主要通道。陆上与海上丝绸之路不仅仅是中国国力强大的象征,也给沿路各国带来了长久的繁荣和富庶。以"一带一路"作为新时期中国积极发展对外关系的标志性理念,体现了中国旨在与各国和平共处、共同繁荣的美好愿望,具有相当的感召力。

"一带一路"不是一个实体和机制,而是合作发展的理念和倡议,是依靠中国与有关国家既有的双多边机制,借助既有的、行之有效的区域合作平台。丝绸之路经济带战略涵盖东南亚经济整合、涵盖东北亚经济整合,并最终融合在一起通向欧洲,形成欧亚大陆经济整合的大趋势。"21世纪海上丝绸之路"经济带战略从海上联通欧亚非三个大陆,它和"丝绸之路经济带"战略形成一个海上、陆地的闭环。不难看出,这一区域在族群、文化、社会制度上都有着显著差距,并且包含了中东、南亚等热点集中,各方势力角逐的地区。尽管这一提议是在中国综合国力已经得到显著提高的背景下提出的,但在当前错综复杂的政治、经济关系下,考虑美国和其他区域大国可能的干预,如何减少"一带一路"在构建过程中的阻力,并且以相对低廉的成本团结区域内各国成为国家必须首先考虑的问题。而这一问题的解决与中国文化软实力的发挥密切相关。

软实力是文化和意识形态吸引力体现出来的力量,是世界各国制定文化战略和国家战略的一个重要参照系。一般认为软实力包括文化、价值观、影响力、道德准则、文化感召力等方面,与国家的GDP、硬件设施等硬实力相区分。任何一个国家的软实力都可以从历史和现实两个维度寻找力量,对于中国而言,儒家思想包含的仁义礼智、见利思义与现代的社会主义核心价值观都是中国文化软实力不可或缺的部分。考虑到"一带一路"所涉及国家多样的政治体制和文化背景,强调互惠和谐的传统儒家文化在团结大多数国家,减轻意识形态差异对于国家合作的干扰等方面具有突出的优势。

儒家思想中对和谐的强调通过"见利思义"和"中庸尚和"两个方面表达。"见利思义"是儒家思想处理人际关系的准则,换言之,就是合作的原则。它要求在人和人的合作中,要心中有他人,做到利人利己,而不能光想自己不想他人,损人利己。

"见利思义",通过仁、义、礼、智、信等不同的方面来实现。"仁"被孔子视为最高的道德准则,是儒家对于理想的人与人之间关系的设想,体现在家庭关系上是孝道,而体现在国与国之间的关系上则是大国保护小国,邻国互帮互助;"义"指公正合宜的道理或举动,不管是国与国之间还是人与人之间都强调不能恃强凌弱,要符合道义的要求;克己复礼,用"礼"来节制人们行为,防止过分追求一方的经济利益而对他人正当权益造成损伤,同时用"礼"来调节已经出现了的矛盾;而实现自身利益与他人利益、个体利益与整体利益的统一,并且处理好可能的危机与矛盾,则需要"智"的作用,用智慧的方式实现利人利己或者至少利己不损人;"信"是指人们按照礼的规定互守信用,借以调整国家之间、个体之间的矛盾,儒家把"信"作为立国、治国的根本,意为诚实,讲信用,不虚伪。五个方面不可或缺,其核心目的都是正确处理个人与他人的利益关系,在现代社会,国家利益超过意识形态成为国际关系的最主要决定因素,只有让相关国家充分相信"一带一路"的建设能够切切实实为他们带来实际的利益,并且中国作为负责任、守信用的大国,不会背离一开始的初衷,才可能让各国积极参与到合作中来。另一方面,只有始终秉持着"见利思义"的信念,才能在建设和发展"一带一路"的过程中不因为过分追求单方面经济利益而损害其他参与方的权益,尽可能降低潜在的摩擦与风险。

"中庸尚和"则是儒家处理不同观点、不同利益诉求的态度,换言之,也是处理合作中矛盾冲突的原则。在社会群体的合作中,不管如何努力试图协调参与各方的主张,不一致总是普遍存在的。儒家倡导"尚中贵和"的理念,《中庸》有言,"执其两端,用其中于民"。所谓"中"指适中、中正;所谓"和"指和谐、调和。"中"与"和"协调起来,方可达到"致中和,天地位焉",这也就是生活中常说的"求大同存小异"。具体而言,一方面要求在处理问题时把握分寸,恰到好处,不走极端的路线,亦即充分考虑各方的利益诉求,做到知己知彼;另一方面求同存异,对于不一致的意见积极参考。既考虑各方的共同利益、根本利益,也充分顾及到少数者的利益,从别的方面加以补偿。

"见利思义"与"中庸尚和"作为处理国际关系的准则,在增强凝聚力、缓和紧张局面、处理尖锐矛盾等方面有着重要的作用,即使放在当今也有着无可比拟的文化感召力。建设"一带一路"的过程中可能会有诸多潜在的问题,硬件的解决与基本实力的准备是一方面,而软实力的展示与号召则是另一方面。如果使用恰当,软实力可以对硬实力起到巨大的乘数效应,达到事半功倍的效果。坚持"利人利己"的互利共赢理念,以"中正和谐"的方法化解可能的分歧,不仅对于"一带一路"的建设,更对长期内我国价值观正面国际形象的确立和传播有着重要意义,是实现中华民族伟大复兴的有力推手。

"一带一路"的历史转换与中国梦的实现

张亚光

在2014年中央经济工作会议上提出的国家三大战略中,"一带一路"的概念既是最新的,也是历史最为久远的。其余两大战略,京津冀一体化的提法早在1982年即以"首都经济圈"的名义出现过,长江经济带的战略构想也出现于20世纪80年代。虽然陆地丝绸之路和海上丝绸之路两个概念在学术界已多有论述,但将陆海丝绸之路结合为"一带一路"赋予新的时代意义并上升到国家战略层面,这在数千年的丝绸之路历史上还是第一次。

事实上,"丝绸之路"这个最具东方色彩的词汇并不是中国人命名的。尽管这条曾经真实存在过的商业贸易通道最迟在公元前2世纪就开始出现,然而直到两千年后的19世纪70年代,德国地理学家李希霍芬(Richthofen)才正式称之为"丝绸之路"并得到中外学术界的认可。可是假如这条道路对于我们如此重要,为什么在历代史书中没有明确为这条贸易通道命名呢?古代文献在提及这些地区时,或者冠之以"西域",或者以具体的山川、城镇或行军路线标注,从未综合成"丝绸之路"这样的概念。

这个看起来有些无厘头的问题,实际上内含着深刻的历史逻辑。一方面,与中国古代的"天下"观念有关,费正清等人谓之为"中国中心主义",与之相连的是延续近千年的贡纳体系;另一方面则揭示了丝绸之路背后的经济模式和东西方文明的交融与分野。

中国古代的"天下"观念来自《诗经》的"溥天之下,莫非王土"。冯友兰先生认为古代中国人心中的"天下",意思就是今天的"世界",只不过当时人们对世界的了解还没有超出中国的范围。正因如此,西方学者强调中国传统的天下观实质上是"中国中心主义"的——帝国中央为本位,四方为蛮夷。在这种观念之下,中国的历代政府不认为与西方的贸易是平等的关系。费正清将以中国为中心的对外关系分为三个大圈:第一个是汉字圈,由几个最邻近而文化相同的属国组成,如朝鲜和越南;第二个是内亚圈,由亚洲内陆游牧或半游牧民族等属国和从属部落构成;第三个是外圈,由关山阻绝和远隔重洋的外夷组成,最典型的例子是欧洲。所有这些中国以外的国家和民族,在理论上都应该向"中央之国"的天子朝贡,这就是中国古代特有的贡纳体系。

从汉代的历史来看,丝绸之路作为一条流动的贸易通道,最初可能是由纯粹的商业利益驱动的。然而如果我们将丝绸之路作为一个相对固定的区域(比如俗称的"西域")来对待,其形成和发展与汉代的对外关系政策及政治诉求有更直接的关系。众人熟知的张骞出使西域显然并不是为了拓展贸易和为汉代政府谋求经济利益而成行的。甚至与谋求经济利益恰恰相反,余英时指出:为了将匈奴纳入汉代的贡纳体系并维系下去以保障西北边疆的安定,中央政府付出了巨额的经济代价,这些经济代价既包括直接的货币转移,也包括被西域各国奉为珍宝的丝绸。也就是说,所谓的"丝绸之路"的正式开辟并不是为了汉代政府更方便地出口丝绸,而是为了达到边疆稳定、宣扬汉威的政治目的,丝绸只不过是达到这一目的的其中一项手段或重要工具而已。在这个意义上说,"丝绸之路"的兴起和发展有两层历史逻辑,一层是民间商旅对经济利益的追逐,这主要来自西方对中国丝绸的巨大需求;另一层是国家层面出于对外关系考虑的政治利益的诉求,在这个层面上,很难用纯经济学的成本—收益标准去衡量。

毋庸讳言,"丝绸之路"带给古代中国的既有经济利益也有政治利益,在宋元之前,政治利益很可能要大于经济利益。汉代和唐代是陆上丝绸之路最繁荣的时期,也是除了元、清两代之外中国疆域向西扩张最迅猛的时期。军事与经济并行是汉唐两代行之有效的措施。拉铁摩尔(Owen Lattimore)发现,相对于占有土地,游牧民族对流动的财富更感兴趣。古代中国人利用丝绸之路以及随之而来的贡纳体系,将中国的地理范围不断向西扩展。两宋时期军力孱弱，难以突破西北游牧民族的屏障，加之经济重心南移，自海路向西方出口丝绸的通道开始繁荣，从丝绸贸易中得到的经济利益开始超越政治利益。蒙古帝国凭借强大的军事力量打通了欧亚大陆的交通障碍，极大地降低了丝绸之路的交易成本，促成了陆上丝绸之路最后的辉煌。随后中亚各国很快陷入了战乱，阻碍了这条贸易通道的顺利运转。到了15世纪，西方进入了他们的扩张时代，新航路不断开辟。丝绸仍然是中西贸易的主要对象，但是海上贸易往来成为历史的主角，"一带"的地位和重要性彻底让位于"一路"。从此，中国在农业文明时代的独尊地位逐渐衰落，从海洋文明中驶来的西方各国陆续变成世界的霸主。西方人一如既往地痴迷于中国的丝绸，然而态度再也不那么谦恭了。

考察"一带一路"的历史转换，对今天的中国有重要的启示意义。首先，对于那些受经济利益驱动的民间商旅而言，丝绸之路的兴起和延续，是当时交易成本最小化的选择。尽管商旅在陆路上面临众多艰险——来自自然的风暴、来自强盗的掠夺、来自沿途国家的盘剥等，但是陆上丝绸之路之所以能够延续千年，根本原因还在于没有一种效率更高、代价更小的交易方式出现。这种交易方式的决定是与交通工具的发明、交通技术的进步、贸易内容的变化、政府对外关系的调整等众多因素紧密联系在一起的。在某种程度上说，正是由于传统丝绸之路充满了阻碍和不确定性，使得西方人对东方以丝绸为代表的消费品的需求得不到满足，才推动了航海技术的进步。这提醒我们，今天的"一带一路"建设，特别是陆地的"一带"建设，要想取得良好的效果，必须降低"一带"沿线的交易成本，其中最重要的是降低来自政治和社会不安定的风险。两千多年过去了，这条传统的陆上丝绸之路风云变幻，宗教力量和国际局势的发展早已不是汉唐时期的人们所能想象和应对的。在这个意义上说，丝绸之路的畅通，首先是政治安定。尽管中央的用意是以经济发展带动社会进步以及民族团结，但是历史经验告诉我们，国际局势不稳定，会妨碍甚至堵塞丝绸之路。社会安定这个上层建筑不仅仅是由经济基础决定，还和其他的上层建筑有密切关系，比如政府管理能力、公共服务能力等。"一带一路"的发展既要为区域安定之"因"，也是区域安定之"果"。不处理好这个关系，盲目以经济手段去推动"一带一路"的建设和发展是不乐观的。

其次,历史上陆地丝绸之路的繁荣和成功,还有一个重要的原因是我们予多取少,算的不是单纯的经济账,中央政府宁愿拿出巨额的财政来补贴,以维系西域的政治社会安宁。除此之外,历史上西方人对中国丝绸的兴趣远远大于中国人对香料、玻璃的兴趣。换言之,这是由外力拉动形成的一条贸易通道,而非中国主动向外输出。在这条通道沿途不同的族群国家会自动调整这条路上的关系,为了各自利益的最大化达到某种均衡。现在我们将"一带一路"上升为国家战略,颇有些内力外推的意思。从贸易对象的角度来看,古代丝绸之路的动因是西方人需要我们的丝绸,而今天"一带"的战略是我们需要西方的石油、天然气,两者的地位也发生了转换。所以"一带"通道沿途的国家和地区绝没有古代那样足够的积极性和动力来配合中国。我们要付出的代价会比古代更高。

最后,在有限的财政约束下,三大战略相互之间可能会存在先后次序的问题。即便是"一带一路"本身,也有"一带"与"一路"孰先孰后的矛盾。一百多年前,清政府内部发生过海防与疆防之争,也足为我们所镜鉴。当然,今天我们的国力远非积贫积弱的晚清可比,但西北与东南的不安定因素依旧突出。无论侧重于西北西南地区的"一带"还是偏重于东南地区的"一路",我们不能简单地期望"一带一路"发展之后所有问题能够自然消解。更何况国际上对"一带一路"持有疑惑甚至敌对态度的不乏其人。也正是由于上述原因,三大战略中难度最大的就是"一带一路",再加上基础薄弱、贫困片区、边疆安定、国际关系等问题,都是京津冀和长三角完全不会遇到的困难。然而要实现中国梦,必须取得均衡发展。中国未来经济要想平稳增长,离不开稳定的国际局势和安定的国内社会环境,这两点都与西北、西南边疆以及南海区域有着极为密切的关系。"一带一路"面临的挑战是最多的,而假如这一战略处理得当、发展有力,未来给中国带来的红利也是最大的。

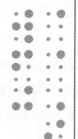

借助"一带一路"建设，挖掘中亚市场潜力

孙 薇

"一带一路"建设，是中国对外开放的重要组成部分。中国与周边国家，特别是中亚国家，都已进入到了以经济建设为中心的发展时期，并不断加强区域内国家间的合作。从政策的开放性上来看，对外开放是中国的基本国策。中亚各国经济已开始驶入良性循环、稳定增长的快车道。各国产业结构调整、税率政策、投资政策等都已初见成效。这些国家法制日益健全，市场趋于规范、有序。中亚五国经济已进入了独立建国以来历史上最好的发展时期。中亚经济有极大的发展潜力、有巨大的市场和丰富的资源。多年的实践表明，中国与中亚国家资源优势互补性强，合作潜力有待进一步利用，合作深度和广度都有巨大的提升空间。

从现实经济发展需要来看，由中国政府倡导的"一带一路"建设，为中国与中亚国家发展关系提供了长远的规划。目前中国与中亚国家在"上海合作组织"框架内，与其他成员哈萨克斯坦、吉尔吉斯斯坦、俄罗斯、塔吉克斯坦和乌兹别克斯坦，共六个国家，将新疆与中亚五国及其辐射地区的合作范围从边界勘定扩展到政治、经贸、科技、文化、教育、能源、交通、环保等各个领域并且有了制度保障，使之成为世界区域中又一富有吸引力和影响力的重大国际合作组织。而随着中国"一带一路"建设的逐步实施，必将密切上合组织内各成员间的关系，给各国开展对话、合作提供新平台和持久商机。

从中亚市场环境来看，近年中亚市场环境总体不断改善，有利于企业对外投资。中国、吉尔吉斯斯坦、塔吉克斯坦已加入世界贸易组织，吉、塔有责任向中国企业开放本国市场,并保障企业的合法经营。哈萨克斯坦于 2015 年 6 月 10 日完成了入世谈判,乌兹别克斯坦、土库曼斯坦都在积极申请加入世贸组织。在这种背景下,中亚经济发展的经济环境会得到前所未有的改善与优化,这对前去投资的企业有利。

从近几年中国与中亚经贸合作的实践发展来看,主要机遇有:

第一,随着中吉和中塔公路的开通,双方贸易商品丰富多样,中国机电产品出口增长迅猛,市场份额有望进一步扩大,产业合作规模与层次在逐步加深。中国已经成为哈萨克斯坦、吉尔吉斯斯坦最为重要的贸易伙伴之一,新疆是对这两个中亚国家贸易、投资活动的中心和商品集散地。中亚五国丰富的石油、天然气、木材、石墨、铝土矿等稀有金属矿产和棉花、皮革、生丝、麻类等农产品,则是中国短缺的资源。而中亚五国机电市场需求旺盛,使中国企业走出去充满机遇。中亚五国对机电产品需求品种十分广泛,所需产品囊括了高科技、高工艺设备及工具、发动机、涡轮机、水泵、压缩机、矿山机械、建设机械、农业机械、纺织机械、汽车、船舶设备、铁路运行设备、发电机、变压器、电缆、铁路车厢、油气开采设备、飞行及宇航设备等类的产品。在机电产品中,对农机产品的需求成为中亚五国的当务之急。中亚五国的农机制造工业基础比较薄弱,现有的农机具都到了更新换代的时候,对农机需求十分迫切,希望买到经济实用的农机产品。哈萨克斯坦每年的机电产品进口中,农机产品进口占 80% 以上。这对于拥有技术、人才、地域和价格优势的中国农机企业是机遇。

第二,传统的互通有无的商品贸易仍保持活力。由于民族风俗、生活习性相近,中国新疆的商品在中亚市场具有相当的竞争力。新疆借 16 个对外开放一类口岸的绝对优势,以及长期兴旺的边境小额贸易,给中亚地区提供了相当数量的轻工及其他商品。比如,中亚国家对服装、纺织品、食品、药品、家用电器、日用品、交通工具、电子产品、仪器表、医疗设备等轻工产品有强烈的需求,市场潜力巨大。中国的家电产品畅销中亚各国市场。在乌兹别克斯坦当地,来自我国的纺织品以廉价、质优、花样品种丰富等特色占据主导地位,当地 90% 的居民家中使用的纺织品都是中国制造的。

当前开发中亚市场的挑战主要是：

第一，机电产品技术含量亟待提高，市场占有率有限。尽管中亚五国对机电产品进口需求旺盛，但由于中国与中亚五国经贸合作的总体水平不高、规模不大，体现在机电产品的出口上，市场份额有望进一步扩大，产品本身的技术含量也亟待进一步提高。国内机电产品企业，特别是中小型企业要开拓中亚五国的机电市场，应认真分析每个国家的涉外法律法规，特别是税收制度的变化，以及产业需求、采购方式、市场销售方式、主要进口产品、竞争对手等信息，与外贸企业联手开拓市场，使合作有质的飞跃。

第二，中国轻纺和家电等产品虽在中亚市场上的占有率较高，但面临着与来自欧、美、日、韩等国家和地区产品的激烈竞争。随着中亚市场需求结构向中高档转化，外贸企业要及时了解市场信息，适应市场变化，树立品牌意识，为中亚五国提供所需商品。新建立的外贸企业市场定位要准确，避免商品雷同引发恶性竞争。

总之，"一带一路"建设，给中国企业带来了巨大商机，同时也会为中亚各国带来较大的社会效益，将会拉动各方的经贸合作走向深入。企业应顺应中亚市场的变化，使以能源、矿产、电信、农机、中高档家电和建材为主的商品等项目的开发和进出口贸易进一步扩大。

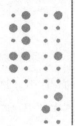

我国优化外资结构面临的机遇和挑战

陶 涛

与中国经济增长转型相适应,我国利用外资的目标正从"重规模"向"重质量""重结构"和"重效率"转换。近年来,我国利用外资在总体规模保持稳定增长的基础上,产业结构和区域结构不断优化。服务业实际使用外资占利用外资总额的比重自2011年以来持续超过制造业。生产性服务业和社会服务业领域成为外资流入的热点领域,跨国公司地区总部、研发中心、物流中心、结算中心等高附加值投资呈上升态势。随着投资环境不断完善,中西部地区利用外资的步伐加快,一批高端制造业和研发中心落户中西部地区。未来,我国在进一步保持外资稳定增长、优化外资结构、提高外资利用效率方面既面临机遇,也存在挑战。

从综合条件来看,我国依然是全球最具吸引力的投资目的地。我国经济基本面依旧良好,政治稳定,经济增长速度远高于其他国家,基础设施日趋完善、产业综合配套能力持续增强、市场规模巨大,这些因素综合起来对全球FDI形成巨大吸引力。据联合国贸发会发布的《2013—2015年世界投资前景调查报告》,在全球最具吸引力的19个投资目的地中,中国继续位居第一,是跨国公司首选投资目的地。美国位居第二,之后依次是印度、印度尼西亚、巴西和德国。

我国服务需求快速扩张、区域加快协调发展,服务业和中西部地区将成为利用外资的新热点。随着经济增长方式转型,我国居民消费日益增长,消费结构不断升级,制造业对生产性服务业的需求快速扩张,以育幼养老、电子商务、技术研发、流程控制、市场营销为代表的现代服务业将进入黄金发展时期。服务市场巨大的潜力、优质的劳动力和不断完善的外资投资环境为吸引更多的服务业外商投资带来机遇。与此同时,随着长江经济带、京津冀一体化、"一带一路"战略三大区域性战略付诸实施,跨流域、跨省份的全方位合作将促进区域间产业合理布局和区域协调发展,我国中西部地区在吸引外资上将形成梯度优势。

改革红利逐步释放和进一步扩大对外开放将大幅提升我国引资竞争力。随着市场化改革的推进,金融、电信、能源等行业进一步开放,国企将引入混合所有制改革,要素价格扭曲的状况将逐步得到改善。上述改革红利为外资进入及外企扩大赢利带来更大空间。与新一轮扩大对外开放战略相配合,我国正在推进外资管理模式改革,扩大外商投资准入领域,降低股比、经营期限等方面的要求。目前,我国正在快速推进中国(上海)自由贸易试验区等自贸区试点工作,探索对外商投资实行准入前国民待遇和负面清单的管理方式;不断加强对国家级经济技术开发区、边境经济合作区、跨境经济合作区的分类指导,支持中西部地区加快建设承接产业转移示范园区建设,以推进区域引资平台建设。以上探索与改革都将为我国进一步对外开放、扩大利用外资提供重大机遇。

世界经济复苏基础不稳定,全球资本流动复苏缓慢。世界经济仍处于国际金融危机爆发后的深度调整期,各国刺激政策退出时机的不确定性可能导致主要货币利率分化、汇率大幅波动和国际资本投机活跃,在此形势下,投资者信心和意愿的恢复仍然需要时间,全球资本流动复苏将是一个渐进过程。据联合国贸发会预测,由于发达经济体经济复苏将带来更多的资本流动,2014—2016年,全球对外直接投资将继续小幅增长,尽管我国仍然是全球FDI的理想目的地,但在全球FDI流动只有小幅增长的背景下扩大引资必然面临巨大挑战。

发达国家"再工业化"和"重振制造业"战略导致部分外资回流欧美,我国优化外资结构面临更大竞争压力。欧美发达国家2009年以来推行的"再工业化"和"重振制造业"战略已经取得一定实效。美国2000—2006年耐用品制造业投资和就业年均增长率是-1.5%和-3.1%,2010—2013年年均增长率由负转正,分别为5.2%和2.2%,其中金属制品和汽车及零部件的投资年均增速达到了8.2%和12.5%。在非耐用消费品制造业,服装、纸制品、印刷等劳动密集型产业的投资在2010—2013年都由危机前的负增长转为正增长。发达国家的"再工业化"进一步增强中高端制造业相对于新兴经济体的竞争优势,使全球制造业竞争形势更加复杂。加之能源革命降低投入成本等有利因素,一些跨国公司将本土市场规模较大的产品撤回欧美国家生产。可以看到,从2011年起,一些电子计算机、交通设备、机械制造业等中高端制造业的美资企业陆续将部分生产线从中国撤回国内,或者减少对中国的订单。竞争优势变化所形成的发达国家FDI回流对我国进一步优化外资结构构成挑战。

国际投资规则渐趋高标准和高开放度,对我国外资准入与管理模式构成挑战。金融危机后全球经济治理体系面临深刻变革,国际经贸规则进入调整期。美国正在积极通过TPP、TTIP和TISA谈判及BIT(2012年范本)谈判重塑全球贸易投资规则体系。未来更开放的市场准入,更高标准的透明度要求、环境劳工标准和知识产权标准将是新国际投资规则的发展方向,这对我国参与全球投资治理及升级外资准入和管理模式带来挑战。

全球价值双环流架构下的"一带一路"战略

张 辉

"一带一路"是"丝绸之路经济带"和"21世纪海上丝绸之路"的简称。"一带一路"战略是在我国经济"新常态"下提出的,战略思路形成于2013年,完善于2014年,实施于2015年。首先,我国处于工业化加速关键期,急需平衡产业升级换代和产业转移之间的关系。其次,我国人民币国际化初见成效,需要为巨额外汇储备寻找更好的投资渠道。最后,我国正处于区域大国向世界大国转型期,需要一套适应自身发展的全球治理机制。

"一带一路"战略是中国在全球价值双环流结构中,构建以中国为主导的亚欧非大区域治理平台,平衡经济治理与社会治理,从而促进本国产业结构升级,以实现和平崛起的一套全球治理机制。全球金融危机之后世界经济格局的一个重大变化就是,发达国家(特别是美国)作为世界经济增长的火车头作用已大大降低,新兴经济体特别是以中国为代表的金砖国家日益成为世界经济发展的重要推动力量。与此同时,世界经济的循环也从传统的"中心—外围"式的单一循环,越来越变为以中国为中介的"双环流"体系,其中一个环流位于中国与发达国家之间(北美经济体和西欧经济体),另一个环流存在于中国与亚非拉等发展中国家之间。一方面,中国与发达国家之间形成了以产业分工、贸易、投资、资本间接流动为载体的循环体系;另一方面,中国又与亚非拉发展中国家之间形成了以贸易、直接投资为载体的循环体系。

在这两个循环体系中,中国越来越成为连接发达经济体与亚非拉欠发达经济的主要中间节点或枢纽点。目前学界针对第一个环流的研究较为充分,但是对于第二个环流即中国与亚非拉之间的循环研究得比较少,而现在中国经济持续高速发展已经越来越离不开亚非拉的支撑,亚非拉的发展也与中国的发展表现出越来越多的内生性。反思东亚20世纪六七十年代日本的崛起,日本在东亚形成了著名的"雁阵"发展模式,以日本为雁头,通过产业梯度转移,拉动着亚洲"四小龙"和东亚、东南亚欠发达地区快速地从传统农业社会向工业化社会过渡,以致完成了亚洲"四小龙"成为新兴工业化国家和地区的历史剧变。虽然,20世纪90年代初随着日本陷入经济危机以及其在1997年东亚金融危机过程中的糟糕表现,东亚"雁阵"发展模式逐渐退出了历史舞台,不过日本曾经主导的东亚"雁阵"发展模式,明确地显示出第二次世界大战以来,大国的发展仍然需要依托于远远超越本国疆域的大尺度区域空间的协同发展。

由此,在全球经济发生如此重大转换的关键节点,就需要我们进一步站在大国持续发展的角度来深入研究中国在世界双环流中的枢纽功能和中国与亚非拉之间的协同发展问题,从而为我国对外经济关系发展和整体经济的可持续发展提供更好的理论支撑和政策依据。

"一带一路"战略正是在全球金融危机之后以中国为枢纽点的全球价值双环流体系初现端倪的背景下,中国从区域大国向世界大国转型的第一次主动尝试构建适宜自身发展的全球治理机制,这是一种最优的路径选择。该战略提出也表明,中国已经从"韬光养晦"的对外思维向"主动布局,经济优先,合作共赢"方向进行转变。

从区域空间来看,"丝绸之路经济带"国内主要覆盖中国西南、西北地区,国际覆盖中亚、南亚、中东地区。"21世纪海上丝绸之路"国内覆盖中国东部沿海地区,国际覆盖东南亚、印度洋、北非和西非地区。

"一带一路"战略所涉及的国家或地区经济发展水平普遍较低,尚在工业化初级阶段,铁路、港口、公路等基础设施建设落后,研发能力普遍较弱,不过经济发展速度普遍较快。根据EPS数据库,"一带一路"战略所涉及国家或地区2008—2012年五年GDP平均增速达到4.96%,具有很强的经济发展需求,从资本形成率和第二产业占比看,大多数国家低于平均水平,工业水平相对落后;科研创新能力普遍较低,该区域2011年研发支出占GDP比例平均为0.5%,与此相对应,中国达到了1.84%,而日本达到了3.26%。

"一带一路"战略的实施从目前来看应该基于以下五个协同战略:

第一,基础设施的协同战略。从2011年公路密度来看,剔除岛国、国土面积较小的国家后,该区域公路密度普遍偏低,中亚以及非洲国家公路密度则更低;从2012年铁路来看,该区域所涉及的国家铁路长度与国土面积之比平均值在1%左右,在剔除国土面积较小的国家后,俄罗斯以及中国这样的国土面积大国,其铁路密度也明显低于面积相似的美国;从2008—2012年海运港口看(其评价体系1为十分欠发达,7为十分发达),该区域港口评价居中下水平,且整体呈现阶梯式分布。为了实现区域内有效互联互通,可见基础设施的协同发展至关重要。实际上,"一带一路"战略核心之一便是设立亚洲基础设施投资银行,为"一带一路"沿线各国的基础设施建设提供融资支持。

第二,贸易协同战略。21世纪初经济全球化加速发展以来,特别是全球金融危机以来世界经济格局从"中心—外围"单循环体系向"双环流"体系转换的经贸基础即为"新南南合作"机制。新南南合作是针对以往单循环格局下发展中国家在世界经济边缘开展的传统南南经济合作而言的,这一合作已从背景、内容、形式、意义方面来说都大大超越了传统南南合作,可以说,新南南合作真正实现之日,也就是"一带一路"战略真正实现之时。在"一带一路"贸易协同战略下,中国与该区域的贸易模式必将进行新的调整,这种调整包括,贸易与直接投资和产业转移的融合与互动,从产业间贸易向产业内贸易转变,重新调整贸易结构与贸易条件,通过制度性安排保障和推进贸易与投资关系的协同发展。

第三,产业协同战略。"一带一路"战略,在依托中国全球制造大国基础上,如何实现该区域三次产业特别是第一产业和第三产业现代化的问题,也就是如何将该区域与中国三次产业更好地融为一体,实现以中国为枢纽点的"一带一路"经济、区域一体化。"一带一路"战略下产业对接,对此要借鉴世界产业沿着中心地等级体系等级扩散和位移扩散模式来探讨该区域如何通过构建地方中心地等级体系（城镇体系）来克服与中国漫长空间距离所带来的不利于产业协同发展的问题。

第四，资本协同战略。进入21世纪以来，由于世界大多数国家逐步放松对外汇市场和资本市场的管制，国际金融市场不断完善和发展，伴随着新技术的创新和金融创新的不断涌现，国际资本流动的成本进一步降低，资本流动速度加快，规模增大。随着外国企业对中国的直接投资（FDI）和中国企业境外直接投资（ODI）的规模提升，从而在中国、发达国家、亚非拉地区之间形成了资本的"双环流"。"一带一路"战略需要考虑以中国为枢纽的条件下如何构建区域内资本协同发展问题。为了保证"一带一路"战略的正常开展，中国为其提供400亿美元的丝路基金并筹建成立亚洲基础设施投资银行。根据财政部最新公告，截至2015年4月，亚洲基础设施投资银行意向创始成员国增至44个。

第五，协同治理战略。"一带一路"战略下，中国与涉及区域的相互建构是一个全方位的历史过程，目前主要体现为经贸关系，但势必在政治、法律、安全、文化等各个层面展开，因此就要全面宏观地研究全球双环流下中国与该区域协同治理机制问题。基于中国的崛起具有超大的规模性，其对于自然资源及市场的需求，都可能会根本性地改变世界秩序的基本运作原则，而这也就提出了"一带一路"战略在经济与安全这两个层面有着必然的内在辩证互动关系，如何充分理解中国的发展与该区域的内在一致性将十分值得深入审视与思考。

Part 3

宏观经济：志宏慎行，堪天下重

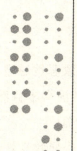

需求管理偏向宽松，中国经济将现"长缩"局面

刘伟 苏剑

2015年中国经济将面临供给扩张、需求紧缩的局面。

从需求一边看，如果不采取进一步刺激措施，总需求增长率继续下滑的可能性很大。2015年投资和消费增长率可能继续下滑，中国净出口可能会比2014年有所改善。但净出口占中国经济比例低，难以抵消总需求增长率下滑的总体趋势。

从总供给方面来看，2015年中国的总供给面临两个比较大的良性冲击。一是改革红利的逐步实现。十八届三中全会以来采取的各项改革措施可以降低交易成本和非税成本，这些改革措施对经济的效果将在2015年开始显现。二是国际油价大幅下跌，降低了国民经济的生产和运行成本。这两个因素都将降低企业的生产成本和交易成本，刺激企业供给。

展望2015年，供给扩张、需求萎缩共同作用，将会推动物价下跌，但对产出的总体变动方向和幅度难以估计，后者主要取决于宏观调控政策的走向。

根据政府工作报告的精神，2015年政策目标将稳增长置于首位，财政政策扩张力度会增大，货币政策要更注重松紧协调，显然，总体宏观政策相对于2014年更显宽松。若政策倾向相对2014年更为宽松，那么2015年的总需求应当会有所增加，逆转需求萎缩的自然态势，从而使中国经济形成较高增长和较低通胀的局面，即所谓"长缩"现象。

"长缩"现象与"滞胀"恰好相反。后者是最差的经济表现，而前者自然就是最佳经济表现。面对"长缩"，需要采取以下宏观经济政策。

第一，通过扩张性需求管理消除恶性通缩。需求萎缩导致恶性通缩，这是我们应该消除的。因此就应该采取扩张性需求管理政策，抵消需求自然萎缩的影响。具体政策组合应以积极财政政策为主，货币政策为辅。

第二，引导价格预期，消除对良性通缩的担忧。供给扩张导致良性通缩，这个本身对经济运行没有坏处，但由于这种良性通缩态势少见，人们对此认识往往不足，可能把这种情况与以往恶性通缩视为一体，从而导致预期错误，引发过度的扭曲性的经济波动。因此，政府应该及时对公众说明情况，引导公众正确理解经济态势，说明 2015 年即使出现低通胀也并不表明经济运行出现了严重问题，对经济运行的判断应将通货膨胀、经济增长、失业率变化三者联系起来分析。

第三，趁机加快对宏观经济具有紧缩性作用的改革。由于供给扩张可能导致良性通缩，但良性通缩也是通缩，可能引发预期错误，因此可以采取紧缩性供给管理政策抑制物价过度下滑，此时可以借机加快对宏观经济具有紧缩性作用的改革，包括要素市场化改革，提高资源税，提高企业生产的环保标准，促进节能减排和治理污染，相应地推进新材料、新能源的运用，等等。

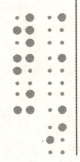

2015：经济增长 7% 或稍高的新宏观动力学机制

曹和平

近日来，李克强总理在政府工作报告中将经济增长的目标定在 7% 左右，引起了国内和国际上的热烈讨论。在主流舆论对增长目标在人大审议持肯定态度的同时，不可否认，出现了许多中国能否守得住 7% 目标中线的疑问。

概括起来，这些疑问有两个方面的观点及其组合：一是中国自 2011 年增速跌破两位数后，到 2014 年跌至 7.4%，不仅是 1991 年以后 24 年的最低点，而且在最近三年平均降幅大于一个百分点，是不是亚洲经济体高速增长最长不超过 23 年的大限到了；二是中国经济已经步入"中等收入陷阱"的中高端部位，收入差距加速扩大，分配机制难以健全，社会舆论高度发散，阶层容忍度迅速耗散，不仅是增长的速度而是国家稳定的前景堪忧。后一个观点有美国前国务卿希拉里和所谓的华盛顿知华派几年来的观点可作参考。

显然，上述观点对中国经济的"地气"欠缺了解，尤其是后者，对发展经济学的结论作了囫囵吞枣式的理解。作者认为，中国在完成 2015 年的目标时，除了传统的动力学机制（投资、消费加出口"三驾马车"）仍然稳健之外，还新增了两个力矩性力量。第一，经过三十多年的积累，我国获得了相对于发展中经济的资本资源优势。这和改革开放初期仅处在国际产业链分工的低端，具有相对于发达经济的廉价人力资源优势，而不具有相对于发展中经济的任何资源比较优势不同。当从产业链的低端，通过出口导向加投资拉动方式，爬到中端甚至部分到高端的时候，多年的贸易双顺差使得我们积累了相对丰富的资本资源优势（4万亿外汇储备是外观）。这时候，在并没有完全丧失相对于发达经济的人力资源优势的条件下，我们还获得了处在国际产业链分工低段位发展中经济的资本资源优势。因之，当人口红利相对于发达经济减弱的同时，我们获得了相对于发展中经济的资本比较优势红利。比如，我国去年以来启动的"一带一路"工程（占世界陆地面积约三分之二的欧亚大陆板块的产品和要素市场的综合整合），事实上是这种资本比较优势通过要素市场贸易——周边国家基建投资、工程总承包再加资本服务贸易等——加上大交通建成后更为节约的与传统欧盟市场的产品贸易。这是我国参与到国家产业链分工贸易从产品贸易上升到资本要素品贸易的进步，怎么能理解为传统人口红利消失后经济的断崖式失速和增长大限的结束呢？有了这种洞察，理解总理关于出口增速为6%的判断，关于GDP增加7%的判断就有了自信心。

第二，经过六十多年艰苦卓绝的努力，我国今天的工业化行为人口——城市和城乡间迁徙人口的总和——超过10亿，其对应的消费人口规模（发达经济组织34个工业化国家的人口总和为9.4亿）为我们提供了基于长链产业基础上发展长链市场的结构优势：一种全新的增长模式——消费拉动和创新驱动性增长最为现实的切入点。比如，阿里巴巴在很短的时间里销售额度就超过美国的电商巨无霸电子港湾（E-Bay）和亚马逊（Amazon）。这就是资源优势变换，产业链升级和超大人口规模结合起来的力量。谁能想到，当年有点被动式地进行联产承包制改革以解决长期被超大人口压迫的食品问题的时候，迈过了温饱关二三十年后，人力资源的体力红利减弱，人力资源的消费能力红利陡然增加（发展经济学的先驱没有也不可能预见到），人口不再是拖累而是新的结构资源红利呢？建立在人均收入进入中等收入阶段，和超大人口规模基础上的以"电商技术为表，第三方市场平台为里"的新经济，可以成为超越排浪式消费，实现细分性市场、定制化服务促进经济增长的新型资源。有了这一"三驾马车"之外的又一维增长潜力，怎么能不奢望增长的力矩力量有可能推动经济以超越7%目标中线的可能呢？

中国虽然是全球第二大经济体，但在以人均收入为衡量的发展阶段上，我国人均GDP为1万美元,美国人均近6万美元,还处在青春期的判断,每年比其他收入"年龄段"上的经济体多增加几个百分点,不是一种奢望。国际大环境和结构调整带来弯道减速,但中国经济,如果不出现颠覆性错误,再以中高速成长7—15年,达到人均GDP 15 000美元以上,完全是个谨慎的估计。

新常态下的房地产业

董志勇

伴随着经济发展进入新常态,我国房地产业亦进入了其行业发展新常态,告别了十年的黄金时代,进行结构调整。去年投资增速放缓,库存居高不下,房价转势下降,市场分化突出,伴随着政策调整和市场改观,面对着新常态的机遇和挑战,我国房地产业充满了不确定性。我国房地产业应当如何认识新常态、适应新常态、引领新常态,自然成为值得探讨的问题。

在我国房地产业新常态呈现出的诸多特征中,有一点是为社会各界广泛认同的,即我国房地产业已逐渐进入理性调整期。新一届政府上任后对楼市调控目标、手段、力度的一系列调整在政策导向层面为促进我国房地产业理性调整、实现楼市软着陆、避免硬着陆奠定了十分重要的基础。特别是在"两会"政府工作报告中李克强总理提出:2015年,要稳定住房消费,坚持分类指导,因地施策,落实地方政府主体责任,支持居民自住和改善性住房需求,促进房地产市场平稳健康发展。这一表述,与往年的表述有着明显区别,并没有出现调控、抑制等词汇。说明我国楼市调控政策将更趋健康,市场逐渐回归理性,房地产业进入了深刻调整期。

从近期楼市数据看,在我国70个大中城市中,住房价格下降的城市数量持续扩大,但住房价格下降幅度均持续减小,且新建住宅和新建商品住宅销量均有所提升。我国楼市已逐渐呈现出了"价稳量增"的态势,这也正是我国楼市逐渐进入理性调整期的结果。但从多方面看,房价上涨压力依旧存在,特别是对于一线城市和一些二线城市,房价会两极分化:一线城市在地价快速上涨、楼市供不应求、房贷政策放松的推动下,房价上涨压力依旧强劲;二线城市中除个别热点城市外,大多数城市的房地产市场运行趋于平稳、供求基本平衡,房价上涨空间有限;三线城市房价保持稳定,存在一定的下跌可能性。

对各级地方政府来说,应当继续坚持通过金融、财税等市场化手段调控房地产市场;除北上广等特大型一线城市外,限价、限购等行政化手段应当继续逐步退出。我们应该清醒地认识到,限价、限购等本意打压投机性购房需求的行政化手段会"误伤"到相当一部分刚性购房需求以及合理的改善性购房需求。"两会"上定的"稳"字当先的基调,体现了中央引导、稳定、释放合理购房需求的决策部署,同时也是中央对此前"一刀切"式楼市调控政策的纠偏之举。"房地产调控"或将在未来相当长的一段时间退出历史舞台,也再次表明新一届政府对长期市场化调控手段的强调和对短期行政化调控手段的放弃。各级地方政府也应在楼市调控过程中与中央积极互动,适应我国房地产市场新常态,逐步放弃行政化手段。但房地产市场去行政化不意味着政府放任自由,恰恰相反,地方政府应把政策导向的市场变为供求关系导向的市场,尊重市场自身的调整和需求,在房地产市场的建设规划方面,更多地提高科学管理水平,因地制宜地出台房地产调控政策。

对于房地产企业自身来说,第一,必须要适应"被抛弃"的房地产市场新常态。一方面,经过市场调整并伴随着新增人口速度放缓、住宅存量规模不断扩大等客观实情,我国房地产市场正在逐步进入平稳理性增长的新常态,房地产企业在过去高速增长时"躺着挣钱"的"黄金时代"将一去不复返。另一方面,我国当下正处于经济结构调整的转型关键期,新一届政府力图减少对房地产业依赖的决心是有目共睹的。因此,房地产企业必须要适应"被抛弃"的新常态。第二,在经历十几年高速增长后,房地产行业空间趋于饱和,全行业增速降低,行业利润率下降,进入了一个相对稳定的平台整理期。平台期打破了原有的竞争格局,形成了新的经营模式,资金会进一步提高行业集中度,特别是龙头房企由于股东、规模等优势在调控中的生存环境要优于中小房企,行业资源涌向龙头企业,龙头企业市场占有率明显提高,土地储备及项目数量都向龙头企业集中,中小房企面临的生存压力越来越大,行业内的兼并重组愈演愈烈,强者恒强,弱者愈弱,这是新常态经济下的必然趋势,未来房地产业将会是几头大象与一群蚂蚁的组合。房地产企业应当进行多元探索,通过积极变革应对房地产市场新常态。在当下及日后相当长一段时间内,房地产企业都将面临由市场调整带来的增长瓶颈,在此背景下适度进行相关业务的多元化拓展,既能有效规避商品住宅业务单一经营的风险,又能最大限度地挖掘房地产企业的自身价值,培育企业新的增长点。房地产是要为新型城镇化服务的,城镇化的推进释放了首次购房等刚性需求,且目前城镇化率比较低,转型期还需要一定的时间,这给房地产业带来了巨大的发展空间和时间,房地产业将随之进行区域及产业链的升级。在我国新型城镇化进程中,整个房地产行业在住宅、商业、工业、养老、医疗、教育等诸多方面都有着潜力巨大的发展空间。面对新常态,一些房地产企业已纷纷开始重新思考市场趋势,探索自身转型路径。在房地产企业数量持续扩张、行业集中度日益增大的情况下,战略业务的多元调整与转型将成为房地产企业得以立足的必然选择,同时也分散了单一模式带来的风险。第三,房地产企业应布局国际化战略、开拓海外市场。一方面,我国房地产企业应着眼于海外投资。在国家层面,我国当今重要的国际地位和与世界各国良好的伙伴关系都为房地产企业"走出去"创造了良好环境;在企业层面,布局海外投资、与相应领域的国外企业合作,不但能够有效提高企业效率、降低投资风险,还能够将企业培育为优质的跨国公司,打响国际知名度。另一方面,我国房地产企业应着眼于海外融资。面对房地产市场新常态,资本的对决仍旧是房地产企业胜出的关键所在。从长远看,更快地融入海外资本市场平台将是房地产企业统筹整合资金的必由之路。房地产企业应当把握目前我国房地产市场化转型的契机,积极变革资源整合模式,打通资本市场融资通道,获得包括海外融资在内的优质资金支持,从而得以在激烈的市场竞争中抢占先机。第四,房地产企业应重视移动互联技术,但寄希望于互联网企业在短期内改造房地产业是不现实的。目前,房地产业与移动互联技术的结合主要体现在品牌宣传与营销推广环节。通过与品牌电商合作,房地产企业能够有效扩大客户覆盖范围,进而推广品牌、提升销售表现。但是,寄希望

宏观经济：志宏慎行，堪天下重

于互联网企业像改造其他行业一样，在短期内改造房地产业是不现实的。这主要源于房地产业所具有的长期性、巨资产、复杂性的自身属性。尽管曾有人提出通过互联网为房地产企业融资的设想，但不论是政策支撑还是技术支持，都使得该设想在短期内是不可能实现的。因此，寄希望于互联网企业在短期内改造房地产业是不现实的。

在中央市场化调控的主导下，在包括房地产企业在内的全社会共同努力下，我国房地产业将伴随着国家经济结构调整，实现自身转型升级，在新常态下逐步回归理性平稳，走上一条健康发展之路。

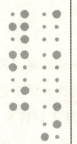

扩大消费须缩小国内价格与国际价格的差距

李连发

当前扩大国内消费的关键在于缩小国内商品与国外商品之间的价格差距,使得国内的居民在不出国的情况下,也能享受到与国外的消费者同样价格和性能的商品和服务;使得大家出国,不用再从国外带各种各样的商品回国,可以轻轻松松地出去,轻轻松松地回来,因为国内同样可以购买到这些商品。这有利于扩大国内的消费,提高大家的生活水平和生活质量。

对于现在同一商品国内价格显著高于国外价格的情况,需要分门别类加以考察和讨论。虽然消除这一价格差异的时间安排可长可短,但是最终的目标应该是一致的,就是挤出国内消费者在国内消费中所承担的比国外消费者更高的那部分价格水分,而且挤出价格水分的时间越早越好。在开放型的国际贸易体制下,国内价格显著高于国外同样商品的价格,这往往说明了价格机制和资源配置存在扭曲。

通过开放和商品市场的竞争来促进这种国内外价格的一致,不仅能够使国内的消费者获利,更重要的是能够通过开放,来促进体制上和制度上的改革。改革开放30年以来,我们改革的阻力有所增加,进一步的改革需要开放的推动。改革不仅使得消费者直接获益,而且是从体制上、制度上改善我国的生产、流通、分配和消费过程的效率,消除了一些阻碍和摩擦,使得整个经济更加具有国际竞争力,使得企业更有动力,使得市场更有活力,使得中国在一个开放的全球产业链、价值链中更容易走到一个高端的位置。

通过开放,促进改革和市场的竞争,还能够加快产业结构的调整,使得那些不适合生存下去的企业,尽早地调整从事其他的经济活动;也能够更好地调整金融部门所对应的客户质量,提高金融部门的资产质量,由此能够提升金融部门的稳定性,降低它的脆弱性。

对于国内价格高于国际价格的情况,人大代表和政协委员能否给予更多的关注和质询,有关方面、企业和其他相关部门,能否向全社会做出一个合理的解释?

当然,也有一些国内的商品或者服务的价格是低于国际水平的。较低的价格会降低这些服务和商品供给方提高服务和商品质量的动机。因此,对于这些商品或者服务的价格,给予一些与国际水平接近的灵活性,有利于提高消费者所享受的这些商品和服务的质量,也有利于扩大国内的消费。

中国经济"新常态"的国际经济意义

王跃生

发展"新常态"将成为未来相当长时间内我国经济发展的总方针。2014年年底召开的中央经济工作会议进一步对新常态的内涵做出了系统、完整的阐释,提出了中国经济新常态的九大特征。适应新常态,在新常态下实现中国经济的稳定健康发展已成为当前中国经济发展和国家经济政策的焦点所在。

按照我们的理解,中国经济新常态是相对于过去几十年中国经济超高速粗放型外延扩张这一"旧常态"而言的,是对旧的已经不适应今天中国经济现实的发展模式的一种调整和修正。然而,我们应该认识到,在当今的经济全球化时代,作为世界经济的重要组成部分之一,作为世界经济大循环中的重要一环,中国经济的旧有发展模式是在既有世界经济结构下形成和发展的,是"内生性嵌入"世界经济结构的。中国经济旧有的发展模式,恰恰是中国充分利用了当时经济全球化带来的机遇,以中国的比较优势为基础,通过改革开放加入世界经济循环所形成的。也就是说,过去几十年中国经济发展模式(旧常态)的形成,既与中国的经济条件、比较优势密切相连,也与中国所处的世界经济环境和外部条件密切相连。从这样的角度看,中国经济的新常态发展,不仅对中国自身具有重要影响,而且对当前处于危机后大调整中的世界经济也具有重要影响。在我们看来,这种影响是积极的,将有助于世界经济摆脱多年持续的失衡结构,建立新的世界经济循环和新结构,特别有助于发展中国家的起飞和经济发展。

中国经济新常态有助于解决全球经济失衡问题。众所周知,全球经济失衡是世界经济多年难以解决的一个重大问题,其中中美两国的贸易与金融失衡又是全球失衡的核心。这种失衡结构虽然使中美两国获得了某些利益,维持了中国"三高"模式(高储蓄、高投资、高增长)和美国的高消费结构,但积累的矛盾也对世界经济长期发展造成巨大威胁。全球金融危机的发生就与这种失衡密切相关。过去很多年,虽然对这种失衡结构议论很多,国际上也一直在寻找解决办法,但只要中美两国的经济模式不变,失衡问题就无解。金融危机后,美国奥巴马政府提出了"再工业化"战略,美国的经济结构正在发生改变。此时,中国提出了"新常态"战略,改变过去实行的高储蓄、高投资、高出口、高增长、低消费的模式,强调以内需特别是消费需求为基础,保持经济的适度增长。这将与美国提高储蓄和投资的战略相呼应,大大有助于中美两国经济失衡的调整,使世界经济摆脱过去的失衡结构,走上一条更为均衡的发展道路。

中国经济新常态有助于亚非拉发展中国家经济发展,并以此带动世界经济的可持续增长。广大发展中国家特别是亚非拉发展中国家经济发展严重滞后,与发达国家和世界经济整体的差距越来越大,这是传统世界经济结构下的一个重要问题。这既使世界经济的发展有失公正、公平,更为世界经济的持续发展平添障碍。比如,按照战后以来产业转移的一般规律,当中国等东亚国家进入工业化后期,经济发展水平和条件已经不适应一般制造业发展的时候,应当开启新一轮大规模的产业国际转移。但是,亚非拉国家,特别是广袤的非洲大陆,由于长期被世界经济边缘化,缺乏相应的基础设施、制度环境、人才储备和产业基础,使得产业转移困难重重。中国经济新常态要求经济转型升级和产业结构大调整,客观上需要相关产业的国际转移,其对象也只能是亚非拉发展中国家。这无疑将带动相关国家的工业化进程,大大有利于其经济起飞。而广大亚非拉国家对于世界经济的发展,如同我国国内的西部大开发战略对于中国经济整体发展的作用一样,无疑也将为世界经济的可持续发展注入新的活力。需要强调的是,由于我国经济体制的特点,政府主导和国有企业广泛参与,通过我国所擅长的开发区、试验区、特区等模式,特别适合解决非洲国家面临的诸如基础设施不足、能源电力短缺、制度环境不完备等问题,比之纯粹由私人企业主导的、各自为战的产业转移更适合非洲国家的需要。

中国经济新常态有助于形成新的国际经济治理结构和新的国际经济循环。中央经济工作会议提出,新常态的特点之一是企业大规模走出去,并且确定了"一带一路"的实施战略。为此,我国已经与其他新兴经济体合作,已经和正在建立一系列国际合作机构与机制,如金砖国家银行、上海合作组织银行、亚洲基础设施投资银行、丝路基金、中非基金、中非论坛、中国—中亚国家论坛、中阿论坛、中国东盟论坛,以及 RCEP、WTAAP 双边和多边货币互换协议等。通过这些机构与机制,将以中国和其他新兴大国为核心,形成代表新兴经济体和发展中国家的新的国际经济力量,与美欧日等发达国家主导的,以 IMF、世行、亚行为代表的,民主化改革困难重重的传统势力和权力中枢相平衡和互补,以此推进世界经济治理结构的改革,并形成以我国为中心的、以新型南南合作为载体的新的国际经济循环,改变过去一家独大的"中心—外围循环",推进世界经济双轮驱动格局的形成。

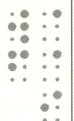

"新常态"下宏观调控政策的特点

张 延

"新常态"一词源于中国最高领导人习近平的讲话,他阐述"新常态"有几个特征:速度——"从高速增长转为中高速增长",结构——"经济结构不断优化升级",动力——"从要素驱动、投资驱动转向创新驱动"。从西方宏观调控理论,可以看到中国宏观调控政策的如下特点:

一、一向重视凯恩斯主义所强调的财政政策

中国政府对财政政策的重视与凯恩斯主义不谋而合。凯恩斯主义对财政政策的强调,是建立在三大心理规律成立的基础之上。从传导机制的角度看,三大心理规律说明了在政策的传导过程中,政策的效力会被一些因素所抵消。

三大心理规律之一——边际消费倾向递减规律说明:通过影响个人可支配收入,进而影响引致消费的财政政策(如转移支付、固定税收政策),部分地被递减的边际消费倾向所抵消。个人消费支出不可能无限增加,注定存在一个上限。在达到上限的时候,任何试图增加个人消费支出来增加总需求,进而增加国民收入 GDP 的政策都是失效的。边际消费倾向递减规律否定了个人消费支出无限增加的可能。

三大心理规律之二——资本的边际效率递减规律说明:自发投资的增加有一个上限,通过影响自发投资,进而影响投资支出的政策会受到限制。资本的边际效率递减规律否定了自发投资支出无限增加的可能。

三大心理规律之三——流动性陷阱规律说明:在一个很低的利率水平上,

人们的预期趋于一致,都认为利率会上升,从而导致债券价格下跌。在这种情况下,投机动机的货币需求趋于无限大,任何增加的货币供应量都会转化为人们手中投机动机的货币需求,货币需求和货币供给同步增加,因而不会对利率产生任何影响。这意味着货币市场的价格——利率,也存在某种拒下刚性,使通过调节货币供应量来调节利率的货币政策工具失效。流动性陷阱实质上是间接调节货币供应量的货币政策工具的陷阱。在这种情况下,通过增加货币供应量降低利率,来增加引致投资的路径被堵塞了。

三大心理规律之二否定了自发投资支出无限增加的可能。三大心理规律之三否定了利率无限下降进而刺激引致投资无限增加的可能。所以投资支出是不足的,不可能无限增加。可见,在凯恩斯的三大心理规律之下,个人消费支出和企业投资支出都是不足的,要增加总需求、刺激总产量,唯一畅通的路径是增加政府购买支出。由于强调政府购买支出对总需求的作用,因此凯恩斯主义又被称为财政主义。

二、偏好运用外部时滞短、有立竿见影效果的财政政策

政策时间上的滞后(简称"时滞")是很严重的问题,弗里德曼将时滞分为两个:内部时滞和外部时滞。内部时滞指制定政策所花费的时间,依次可以分为认识时滞、决策时滞和行动时滞。从时间看,如果财政部门和中央银行对于经济形势的认识和决策所需要的时间是一样的,而行动所需要的时间,财政政策更长,尤其涉及比较敏感的增收和减支问题,需要很长时间的酝酿、讨论和通过。所以财政政策的内部时滞较长,货币政策的内部时滞较短。

外部时滞指政策对经济产生影响的时间,也是政策乘数效应完全发挥出来所需要的时间。外部时滞包括政策的初始效应和引致效应发挥所需要的时间。从传导机制看,财政政策和货币政策引致效应所需要的时间一样长,决定政策效力大小的是初始效应。以政府购买支出政策为例,政府购买支出的增加立刻增加总需求,进而增加总产量,初始效应大,而且传导时间短,所以财政

政策的外部时滞较短,货币政策的外部时滞较长。

如果财政和货币政策同时实施,内部时滞一样,我国政府一向偏好运用外部时滞短、有立竿见影效果的财政政策。

三、从财政政策工具的选择看——增支和减收政策的直接后果是刺激了总需求,客观上兼顾了对政府规模的控制

政府政策的运用原则是相机抉择,逆经济风向行事。在经济萧条时采用扩张性政策——增支(增加政府购买支出、转移支付)和减收(减税);在经济繁荣时采取紧缩性政策——减支(减少政府购买支出、转移支付)和增收(增税)。

在具体政策的运用上,不同的经济流派有截然相反的经济主张。以分权制衡为核心思想的经济自由主义,建议在萧条时期,用减税来刺激总需求;在繁荣时期,用减少政府购买支出和转移支付来抑制总需求,双减政策——减收和减支的直接后果是对总需求产生影响,间接后果是缩小了政府规模,削弱了政府对经济的干预,按这一思想行事的经济学家往往被视为经济自由主义右翼。

以权利集中为核心思想的国家干预主义往往建议在萧条时期,以增加政府购买支出和转移支付来刺激总需求;在繁荣时期,以增税来抑制总需求,双增政策——增支和增收的直接后果是对总需求产生影响,间接后果是扩大了政府规模,增强了政府对经济的干预,按这一思想行事的经济学家往往被视为国家干预主义左翼。

因而,在同样可以刺激或者抑制总需求的政策主张的选择上,体现了不同的经济哲学观。

从中国宏观调控的演变可以看出,综合国家干预主义和经济自由主义的观点,中国的财政政策在面对经济衰退的时候,同时使用了增支和减收的政策,一方面使用政府的信用,增发国债筹集资金以扩大政府购买支出规模,另

一方面降低税收,来提升企业投资和居民的可支配收入。增支政策的直接后果是扩张了总需求,间接后果是扩大了政府规模,增强了政府对经济的干预。减收政策的直接后果是刺激了总需求,间接后果是缩小了政府规模,削弱了政府对经济的干预。从财政政策工具的选择看——增支和减收政策的直接后果是刺激了总需求,客观上兼顾了对政府规模的控制。

四、新常态下,政策搭配的特点

政策的搭配一般是出于这样两种考虑:改变总产量;调整总产量的构成,调整经济结构。

从改变总产量的角度看,有两种搭配:双松和双紧。所谓双松的政策,即松财政和松货币政策的组合。扩张性财政政策(以增加政府购买支出为例)的直接影响是增加了总产量,间接影响则是提高了利率;扩张性货币政策的直接影响是降低了利率,间接影响是增加了总产量。双松政策的合成影响是导致总产量的增加,对利率的影响不确定。所谓双紧的政策,即紧财政和紧货币政策的组合。紧缩性财政政策(以减少政府购买支出为例)的直接影响是降低了总产量,间接影响之一是降低了利率;紧缩性货币政策的直接影响是提高了利率,间接影响是降低了总产量。双紧政策的合成影响是导致总产量的减少,对利率的影响不确定。所以,双松的政策扩张总产量GDP,双紧的政策紧缩总产量GDP。

从改变总产量的构成的角度看,政策的松紧搭配有这样两种形式:

第一,松财政和紧货币的组合。扩张性财政政策(以增加政府购买支出为例)的直接影响是增加了总产量,间接影响是提高了利率;紧缩性货币政策的直接影响是提高了利率,间接影响是减少了总产量。松财政和紧货币的合成影响是导致利率的上升,对总产量的影响不确定。如果总产量不变,利率上升的后果是,减少了投资支出,导致总产量的构成中,投资支出的比重下降。

第二,紧财政和松货币的组合。紧缩性财政政策(以减少政府购买支出为例)的直接影响是减少了总产量,间接影响是降低了利率;扩张性货币政策的直接影响是降低了利率,间接影响是增加了总产量。紧财政和松货币的合成影响是导致利率的降低,对总产量的影响不确定。如果总产量不变,利率降低的后果是,增加了投资支出,导致总产量的构成中,投资支出的比重上升。

所以,一松一紧的政策对总产量没有确定性影响,但是可以改变总产量的构成,调整经济结构,作为产业政策加以使用。由于财政和货币政策的单独使用和松紧搭配都对总需求产生影响,因而所有这些政策措施都被称为需求管理的政策。

经济增长速度即使是"从高速增长转为中高速增长",也意味着总产量GDP的增长率要保持在6、7个百分点的高位,所以松财政辅之以松货币政策是促增长的必要保证。

调结构"经济结构不断优化升级"、"从要素驱动、投资驱动转向创新驱动",意味着如果总产量保持不变,要减少投资支出,在总产量的构成中,降低投资支出的比例,所以松财政辅之以紧货币政策是调整经济结构的政策组合。

预期未来中国的宏观调控政策组合:松财政(积极的财政政策)是稳增长的必要保证,并且一以贯之。货币政策的松紧搭配会相机抉择:如果稳增长是第一位的,会选择松财政(积极的财政政策)辅之以松货币(积极的货币政策);如果调结构是第一位的,会选择松财政(积极的财政政策)辅之以紧货币(稳健的货币政策)。

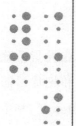

如何发展创新型经济?

夏庆杰

发展中国家的工业化过程大体可分为追赶阶段和自主创新阶段。当一个国家的工业化进程处于追赶阶段时,发展目标相对清晰,如铁路、公路、发电站、能源、航空等基础设施建设,重化工业和轻工业的发展等。从技术上看,处于追赶阶段的国家的经济发展主要是学习和借鉴。由于发展目标相对清晰,可以使用国有企业和国有银行体系集中物质、人力、融资资源实现大规模投资,因而经济增长速度会很快。

当一个国家的工业化基本完成追赶阶段后,会进入市场前沿阶段,或者说进入创新型经济发展阶段。在创新型经济发展阶段,没有什么现成的技术可以学习了。如典型的创新型国家美国那样,需要强大的科研力量和投资来开发新技术和新产品,更需要风险资本和高新科技结合起来开发新产品。与追赶阶段的经济发展目标相对明确相比,在创新型经济发展阶段经济增长点不再明确,不知道哪个企业、哪些行业会在技术上有所突破,从而带来新的经济增长点。在经济增长点、技术突破点不确定的情况下,在经济发展过程中需要分散投资风险,换句话说,也就是不能再集中物质、人力、融资资源(即国有企业和国有银行)等手段开发新技术和新产品。那么如何实现分散投资风险呢?创新型国家如美国的做法是允许大量的非国有高新科技企业出现和发展,更重要的是允许大量风险资本投资机构的出现和发展。另外,创新很难,因而经济增长速度大幅度下降,如美国经济增长率大多时候为1%—3%。

为了实现中国经济由追赶型经济向创新型经济转型,中国需要层出不穷的创新型企业和企业家。当然,这只是表面现象,从制度安排角度看,就是中国需要拥有允许、鼓励、支持创新型企业家涌现并发展壮大的经济社会制度安排。能否建立鼓励和保护创新型企业家大量涌现的机制关系到一个国家的长期兴旺发达。欲建立和健全保护市场竞争和创新的社会经济金融制度安排，既要允许、鼓励、支持技术创新型企业家的涌现发展壮大，也要允许大量的风险投资银行家寻找有利可图的创新型投资项目。

日本制造业之所以未能转型，主要原因是经济金融体系被少数巨型企业垄断，而且这些少数巨型企业在横向和纵向经济链上盘根错节，与此同时，企业家也才能匮乏*。

产业不断升级，只有站在生产前沿的企业家才能洞悉瞬息万变的机遇，因而需要把引领产业升级换代的任务交给千千万万个企业家而不是政府的经济计划部门。也许其中的很多企业家会犯错误而被市场淘汰，但是只要少数企业家感悟到并抓住国际经济技术发展的前沿技术和方法，就能引领并走向创新。

---

* Glenn Hubbard and Tim Kane (2013), *Balance：The Economics of Great Powers from Ancient Rome to Modern America*. New York：Simon & Schuster.

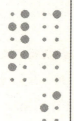

国企改革、技术进步与配置效率

杨汝岱

我们今天从技术进步的角度讨论国企改革和资源配置效率问题。中国过去三十多年经济发展的成绩有目共睹,但这更多是一种以人口红利为基础的高投资、高出口拉动型的发展模式,技术进步对经济增长的贡献较小。而新常态下可持续的内生增长模式应该是以技术进步为基础、依托资源配置效率不断优化的发展模式。我们认为,要实现这种内生增长模式,跨越"中等收入陷阱",国企改革是关键。

经济增长核算基本理论认为,资本、劳动和技术是经济增长最重要的源泉,即 $Y = A \times f(K, L)$,A 表示技术,K 表示资本,L 表示劳动。如果将最终产品 Y 面临的市场区分为国内市场和国外市场,则出口 E 成为拉动经济增长的另一个源泉。改革开放以来,以丰富的劳动力资源为基础,依托高投资和出口导向型发展模式,我国经济发展取得了很大的成绩,增长速度远远超过其他发展中大国。现有的发展模式是否可以实现中国经济的持续快速发展呢?图1是金砖国家投资与经济增长的关系。上图是资本形成占比,下图是相应的家庭消费占比。显然,相对于俄罗斯、巴西和印度,中国的资本形成比例非常高,且上升速度非常快,这对于中国过去30年的高速增长至关重要。但是,我国资本形成比例已经基本达到极限,这使得居民消费占比非常低,2011年为29%,远远低于发达国家和同类发展中国家。此外,我国出口额占世界总出口额的比例已经由1992年的3.42%上升到2012年的11.91%。如果考虑到过去30年的富裕的劳动力资源,毋庸置疑,资本 K、劳动 L、出口 E 共同成就了中国的经济增长奇迹。但是,随着老龄化社会的逐渐到来,人口红利将逐渐消失,而资本形成和出口即使是要维持现有的水平都已经非常困难,遑论还要进一步快速增长。由此可见,过去30年以人口红利为基础的高投资、高出口拉动型的发展模式面临着非常大的挑战。

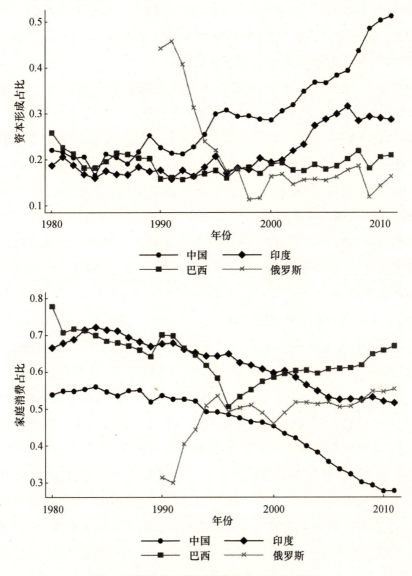

图1　高投资与中国经济高增长(1980—2011)

资料来源:Penn World Table 8.0。http://www.rug.nl/research/ggdc/data/penn-world-table。

资本形成和出口已经很难维持中国经济今后20年的快速增长,按照现代经济增长理论的框架,我们唯一能够依托的就是技术(A)进步。PWT的数据显示,我国的整体TFP水平还非常低,对于过去30年经济增长的贡献也较小。此外,我们基于《中国工业企业库》企业层面数据的计算结果表明,从1998年到2007年,我国TFP稳定增长,简单平均年增长速度为3.83%,环比年平均增长速度为3.35%,且最近几年略有下降趋势。

一般而言,绝对的技术进步速度的提升空间是非常有限的。发达国家TFP增长速度一般在2%左右,发展中国家由于存在技术上的后发优势,有可能实现更高的增长速度,但这一速度也会随着经济发展水平和技术水平的提高而下降。理论上说,要提高经济整体的生产率水平,有两个途径,绝对的技术进步和资源配置效率的改善,这是市场化程度相对较低的发展中国家尤其应该引起高度重视的一个问题。如果一个经济体由 n 个企业组成,每个企业的效率都提高10%,可以实现整体生产率提高10%。即使每个企业的效率都没有发生变化,但是资源由低效率企业流向高效率企业,同样可以实现整体生产率的不断提高。

Hsieh and Klenow(2009)的经典研究中,以美国作为参照系(Benchmark),认为中国制造业在很大程度上存在资源误配。要对资源误配程度进行研究,参照系的选择是非常困难的。不同的国家、不同的行业,甚至不同的企业都会有自己的稳态和均衡,要用一个统一的标准度量资源使用效率,无疑是很困难的,也是不太合理的。我们认为,要研究资源在多大程度上存在误配有较大难度,而要弄清楚资源误配的改善程度却相对较为容易,即以分地区、分行业在时间维度上考察资源配置效率的改善程度。根据这一思想,我们从最简单的研究方式出发,以中国作为一个整体,将其生产率变化的来源主要分解为两个部分:企业自身的成长和资源配置效率的改善。图2的结果表明,生产率增长的来源更多是企业成长,其增长的空间在不断缩小,亟待依托资源配置效率改善的新的增长模式。

宏观经济：志宏慎行，堪天下重

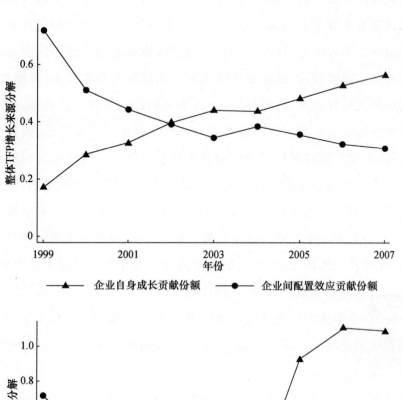

图2　TFP增长来源分解结果

注：上图以1998年为基年定义企业进入退出，下图按照连续两年定义企业进入退出。

从资源配置效率的视角看待经济增长和技术进步问题对我国现阶段相关政策的制定有非常重要的现实意义。最近十多年来,经济结构调整和转型一直是政府和学术界关注的焦点。但是,现有政策制定对于结构转型的理解是存在偏差的。简单而言,经济结构转型是要实现从现有低技术、低附加值、低效率发展模式向高技术、高附加值、高效率发展模式升级。为达到这个目标,政府热衷于制定方方面面的产业政策,比如,制定新兴产业目录、扶持高新技术产业等,希望由政府引导实现产业升级和结构转型。这种模式试图用不断的加大投入来实现企业或产业的绝对技术进步,达到结构升级的目的。然而,资源总是有限的,要维持这种高投入的代价是非常高的——政府规模会越来越庞大,经济效率也很可能会越来越低。我们认为,从资源配置效率的角度来看,政府在经济结构转型过程中,最重要的任务是在关注市场失灵的同时,致力于营造良好的市场竞争环境,让资源能够在企业间、产业间、区域间自由流动,让市场在资源配置中发挥决定性作用。这样,就能够实现由于资源配置效率改善带来的整体生产率水平提高,这对于我国现阶段的经济结构转型无疑是至关重要的。

接下来我们从资源配置效率的角度简要分析国有企业改革问题。1998年时,民营企业、国有企业、外资企业的工业增加值占比分别为 0.34、0.41、0.25,就业人数占比分别为 0.35、0.51、0.14。十年来,国有企业在规模上逐年下降,民营企业和外资企业在国民经济中的作用越来越大。到 2007 年,民营企业、国有企业、外资企业的工业增加值占比分别为 0.52、0.14、0.33,就业人数占比分别为 0.56、0.10、0.34。根据统计,1991—1995 年,国有企业的退出率为 0.9%,几乎没有淘汰机制;而同期私有企业的退出率为 11.6%。1998—2007 年,国有企业的退出率为 13.2%,高于私有企业 12% 的退出率。这种"抓大放小"的改革到底有没有带来国有企业效率的提升呢?

1998 年以来,尤其是 2004 年以来,我国制造业资源配置效率在不断下降,接下来从企业所有制的角度来简要分析这个问题。我们已经发现,从简单加权的结果来看,相对于外资企业和民营企业,国有企业的效率是最低的,有效率的资源配置方式应该是资源由国有企业向非国有企业流动,那么,事实是否如此呢?表1列出了三类企业的效率指标比较。

表1 不同所有制类型企业的效率指标比较

	1998年			2007年			变化率(%)		
	民营企业	国有企业	外资企业	民营企业	国有企业	外资企业	民营企业	国有企业	外资企业
工业总产值占比	0.36	0.38	0.27	0.51	0.13	0.36	41.7	−65.8	33.3
就业人数占比	0.35	0.51	0.14	0.56	0.10	0.34	60.0	−80.4	142.9
资本存量占比	0.20	0.63	0.17	0.39	0.28	0.33	95.0	−55.6	94.1
人均资本存量(万元)	3.3	2.7	5.9	13.0	19.6	13.5	293.9	625.9	128.8
TFP,OP,增加值加权	3.14	2.83	3.58	3.81	3.76	4.28	21.3	32.9	19.6
TFP,OP,从业人数加权	2.28	1.44	2.65	3.31	2.73	3.69	45.2	89.6	39.2
TFP,LP,增加值加权	7.10	7.89	8.01	7.65	8.97	8.78	7.7	13.7	9.6
TFP,LP,从业人数加权	6.28	6.41	6.81	7.09	7.78	8.00	12.9	21.4	17.5

首先来看TFP的比较结果,为增加结论的可靠性,我们同时列出了LP方法计算的企业TFP。很明显,不同的加权方法和不同的计算方法,都会发现国有企业的全要素生产率水平要低于民营企业和外资企业。不过,国有企业与民营企业、外资企业的生产率差距在缩小,这也是很多研究为国有企业辩护的最重要的理由。接下来的分析我们将看到,国有企业的效率改善是付出了很大的代价的,存在很大的机会成本。表中列出了三类企业的工业总产值占比、就业人数占比、资本存量占比、人均资本存量在1998年和2007年的取值及其变化率。可以看到,国有企业在制造业中的相对地位在不断下降。工业总产值占比下降了65.8%,就业人数占比下降了80.4%。但是,我们同时看到,资本存量占比下降55.6%,降幅要远低于就业人数占比和工业总产值比重下降的速度。此外,国有企业人均资本存量上升了625.9%,而同期民营企业和外资企业的人均资本存量只上升了293.9%和128.8%,而这一比较还是建立在国有企业就业人数统计很多都不完全包括临时雇佣和合同制员工的基础上

的。这说明,十余年来,资源不但没有从效率低下的国有企业向民营企业流动,反而是吸纳了更多的社会资源,大量的资本形成都由国有企业完成,反映出社会有限的资源更倾向于流向国有企业。而国有企业的资本深化,很可能会对民营企业产生挤出效应。从资源配置效率的角度来看,国有企业获得了远远超过其效率对应的应该获得的资源。我们再来看国有企业占有这些资源产生的效率。构建一个直观反映投资效率的指标 $e =$ TFP 增速/人均资本增速,表示单位人均资本的变化能带来多大程度的企业效率变化,TFP 增速用四种方法计算的结果做简单平均得到。结果表明,民营企业的投资效率为 0.32,国有企业的投资效率为 0.23,民营企业比国有企业的投资效率要高出 39%。

  以上的分析表明,当国有企业效率明显要低于民营企业时,对国有企业的过度投资,资源向国有企业倾斜的政策也许是造成我国资源配置效率下降的一个重要原因。特别需要提出的是,以上的分析都是基于工业或制造业企业样本。从我国的实际情况看,第二产业相对而言已经形成了较好的市场竞争氛围,更多的垄断和寻租空间存在于第三产业。而即使在工业领域,国家的政策导向都对国有企业有较大倾斜,降低了整体的投资效率,更不用说国有企业在金融、能源、基础设施建设等行业的强大的话语权和资源获取能力。随着经济的不断发展,企业绝对技术水平的增长速度必将越来越小,要实现经济结构转型、跳出"中等收入陷阱"的发展目标,我们就应该着力于改善资源配置效率,提高经济内生增长能力。国有企业的市场化改革也许是一个有效的切入点。

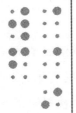

基于五重均衡提升我国全球治理能力

张 辉

全球治理,即一国从自身利益出发,在全球范围内配置各类经济、社会资源,以使其他国家适应、配合自身的发展,最终实现本国崛起。近年来,随着综合国力的大幅提升,中国更加积极地参与到世界经济循环和国际秩序的构建中去,也面临着日益严峻的挑战:首先,初级产品输入成本暴涨,削弱了制造业竞争优势,产业升级乏力;其次,诸多国家和地区对华关系显现出政治经济二元化倾向,即经济上依附中国、政治上却依附西方;最后,以国有企业为主的"走出去"战略,颇有成效,但也问题百出。面对这些问题,加强全球治理机制的研究,有利于我们将理论研究更好地服务于中国企业"走出去"战略,更好地服务于中国对外经济合作,更好地服务于中国崛起。

理论界对于全球治理的研究并不鲜见,以全球价值链理论、"中心—外围"理论和"软权力"理论为典型。全球价值链理论指出,核心战略环节驱动着整个价值链条的运行,可能是技术优势(生产者),也可能是品牌和渠道优势(购买者),发展中国家应积极参与全球分工体系,抓住机遇完成产业升级;"中心—外围"理论强调,亚非拉国家要想摆脱"外围"地位,实行进口替代工业化是一种可行方式;"软权力"理论主要讨论的是非经济领域,认为通过文化吸引力、意识形态或者政治价值观的感召力等"胡萝卜"措施,有可能取得比"大棒"政策更好的结果。

自从地理大发现开启全球历史以来,全球治理在大国的实践中演绎,大致走过了三个阶段,即殖民主义时期(1500—1945)、两极格局时期(1945—1991)和全球化时期(1991年以来)。在殖民主义阶段,治理者通常采用暴力手段,建立和维系殖民地,进行专业化的初级产品生产,垄断殖民地的主要经贸活动,向当地倾销宗主国的商品,以谋取暴利,积累工业化的资本;到了两极格局时代,发达国家在不进行直接统治的情况下,通过对外直接投资等方式软硬兼施,继续对亚非拉国家进行控制、干涉和剥削,维持其对原宗主国的依附;全球化时期以来,全球治理日趋多样化、"软权力"化,发达国家通过对核心战略环节的控制,以及对初级产品生产的投资与控制,分享了新兴经济体的增长红利,辅以"软权力"手段,保持着治理者的地位。

在主要大国中,美国的全球治理实践最为成功,区区不到200年的时间内,即实现了从殖民地向全球霸主的蝶变。可以发现,美国善于根据自身的实力,制定适当的治理策略,从早期的孤立主义,到后来的世界主义、杜鲁门主义和里根主义等,实现了国家利益的最大化。在上升阶段,美国灵活处理与当时的霸主(英国)的关系,避免直接的军事冲突,同时把握各种机遇谋求突破。取代英国成功上位后,美国极力扼杀可能的对手,例如二战后加大对外投资与援助,遏制苏联的扩张;迫使马克、日元和人民币升值,遏制新兴经济力量;发挥自身"软权力"力量,对共产主义国家和中东地区"和平演变"等。更值得注意的是,美国积极推动技术创新与产业升级,保持对核心战略环节的牢牢掌控,奠定了全球治理者的经济基础。

相比而言,苏联和日本更像昙花一现。苏联封闭、畸形的经济缺乏创新活力,而在政治、军事和外交上快速扩张,最终拖垮了自己。日本的实践更加曲折:早年一度驰骋东亚,挑起太平洋战争;战败后,积极融入全球价值链,引进美国等西方国家的技术,完成了产业升级和工业化,同时适时推动落后产业、价值环节的转移,形成了著名的东亚"雁阵"发展模式,辅以文化影响力和对外援助,一度成为东亚领袖;在签订"广场协议"之后,产业竞争力骤降,转向刺激房地产,加剧经济泡沫和"空心化",陷入长期停滞。此外,韩国、印度等经济体,在融入全球经济循环的同时,通过"韩剧""宝莱坞"等文化开道,也为自己提升了国际影响力。

回顾中国的全球治理实践,可以发现改革开放后,中国在政治、军事和外交上"韬光养晦",同时逐步融入全球价值分工体系,于1995年加入东亚生产体系、2005年加入全球生产体系,通过积极承接产业转移,推动了产业升级。在经济治理领域,中国正加大对东盟、非洲和澳新等资源型国家的投资,但也面临着投资规模小、分散、资金支持力度不够等问题;而面对发达国家,在较高的资源价格、汇率改革等问题上,中国还处于弱势地位;当然,中国也在加快金融改革,通过货币互换等区域金融合作,推进人民币国际化。社会治理方面则问题频出,一方面与部分国家尚存在领土争议,政府对外援助也难以惠及普通人民;另一方面民间交流跟不上政府脚步。此外,在国际通道问题上,中国东有岛链锁国、南有马六甲扼喉,面对日益高企的对外能源依存度,通道安全问题日益浮现。

基于理论与实践的综合考察,本文认为:为了进一步提升中国全球治理的能力,应从战略上关注"五个均衡":经济治理与社会治理的均衡、"硬权力"与"软权力"的均衡、产业升级与产业转移的均衡、市场开拓与品牌打造的均衡,以及政府与市场的均衡。

第一,经济治理与社会治理的均衡。在未来中国的全球治理进程中,必须把握经济治理与社会治理的均衡,坚持以经济治理为基础,全力推进经济增长与产业升级,再因地制宜制定相应的社会治理策略。未来,中国应进一步调整、更新自身的社会治理策略:改变一味地被动回应,在道路自信、理论自信、制度自信、文化自信基础上,采取更加积极主动的军事、外交战略,构建通畅的多样化国际通道,树立在东亚地区的优势地位。

第二,"硬权力"与"软权力"的均衡。软硬的均衡,是指软硬都强的基础上的均衡。"硬权力"方面,中国的军事力量、国防科技和国防产业等,都有待加强,可以进一步引入市场机制,加快科技创新和产业化;当然,经济治理能力的提升更重要,包括对外贸易、投资、经济合作等,争取高端价值链环节入驻、推动低附加值环节转移,以及加强对全球能源、资源的控制。"软权力"方面,中国更有待加强,无论是对发达国家还是发展中国家,都需要通过更加多样化的措施,让世界了解中国、欣赏中国、爱上中国。

第三,产业升级与产业转移的均衡。注重国内的产业升级,在产业升级的基础上,合理重构全球价值链,对一些附加值较低的环节进行转移。首先,产业升级与产业转移均衡的基础是市场配置资源,因此,应进一步打破行政的藩篱,推动资源、资本、土地等要素的区域一体化;其次,要立足不同区域的产业基本状况,不能一概而论,例如上海可能应重点发展生产性服务业,而国内欠发达地区还应大力承接劳动密集型产业等;最后,国内的产业升级是基础,应注重发挥市场和政策作用,激发市场的创新活力,为创造具有竞争力的产业营造良好的环境。

第四,市场开拓与品牌打造的均衡。未来,中国品牌的打造,很大程度上要依赖于国内及亚非拉发展中国家的市场。然而,在亚非拉不健全的市场环境下,如果一味追求市场占有,很可能陷入恶性竞争的境地,牺牲了"中国制造"的质量和品质,不利于品牌的打造。为此,政府可以延伸相应的服务,协助优化中资企业的经营环境,同时,大力培育商会等市场力量,通过企业、行业的自我约束,提升中资企业和"中国制造"的形象。

第五,政府与市场的均衡。积极发挥市场配置资源的主体地位,激发市场经济的创造性。未来,积极推动以民营企业为主体的市场力量的发展,将有助于国内的产业升级,以及海外直接投资。当然,这不代表着政府要完全退出,事实上,全球治理的稳定实施,有赖于政府在全球范围内提供完善的相关服务,包括对外贸易服务、投资服务和项目合作的服务等,特别是对民营企业的服务。此外,在国内,政府还应规范市场秩序,加强对监管标准的执行力度,遏制各种形式的"竞次"行为。在社会治理领域,这一点显得更为迫切,未来,中国政府应进一步向市场放权、让利,积极培育市场化的各类主体,促进中国与全球其他国家人民之间的沟通,化解误会,增进交流,提升中国的"软权力"和参与全球社会治理的综合能力。

新常态下我国产业结构转型与升级

张 辉

根据国家统计局2014年国民经济和社会发展统计公报,2014年我国国内生产总值为636 463亿元,比上年增长7.4%,这是2010年10.6%的增长率之后,我国经济增长率第四个年头在9%以下运行,由此可以看出,我国经济增长从之前的高速转为中高速这一新常态。在这一背景下,我国产业结构也发生了巨大的变化,2014年我国的第一产业增加值为58 332亿元,增长4.1%,占国内生产总值的比重为9.2%;第二产业增加值为271 392亿元,增长7.3%,占国内生产总值的比重为42.6%;第三产业增加值为306 739亿元,增长8.1%,占国内生产总值的比重为48.2%。其中,第三产业比重自2012年首次超过第二产业以后,即45.5%对45%,有了一个飞速的增长。在当前国内产能过剩比较突出、工业生产价格持续下降以及企业生产经营困难等问题比较严峻的情形下,以及在面临"刘易斯拐点",即人口红利即将消失和环境承载力不断下降的约束下,我国出现了第三产业比重领先于第二产业的经济发展现象。面对这一经济结构现象,我们要问的是,这样的产业结构转型是否有其必然性?是否符合世界各国经济发展转型的经验规律?是否与我国当前的经济发展水平相匹配?是否有利于我国解决当前的产能过剩、消费不足等问题,以及克服当前面临的人口、资源和环境等约束,实现经济稳定快速发展呢?

当前是知识、信息大爆炸的年代,网络信息技术的飞速发展和使用的迅速普及,作为后发国家,我国在网络服务业和物流业的赶超过程中具有明显的后发优势,因此我们看到各种网络平台、网店和物流公司的迅速崛起、蓬勃发展。

另外，自 2008 年美国金融危机以后，许多学者提出我国应该大力发展服务业来扩大内需和促进就业等，这为服务业的发展起到了很好的助推作用。尽管如此，第三产业的快速发展有一定的合理性，特别是生产性服务业的发展应该是顺应了时代的要求。然而，与我国第三产业的强劲发展势头相悖的是我国工业的发展与经济发展水平的不匹配。为此，我们首先要澄清当前存在的两个误区，第一个误区就是非农产业占比越高越好，第二个误区就是非农产业中服务业占比越高越好。这两个误区的共同特点是忘记了在控制其经济发展水平下谈一个国家的产业高度化，进而导致一个经济中存在着产业的虚高度，从而使得最优的产业高度偏离了其资源禀赋和经济发展水平。因此，脱离一个国家的资源禀赋、技术以及经济发展水平来谈产业高度和产业升级是没有意义的。其次，从世界各国经济发展转型的经验规律来看，我们的最近研究有三个重要发现：第一，在控制各国的经济发展水平下，全球一百多个国家和地区的第二产业转型的经验数据呈现驼峰的形状，其拐点发生在人均 GDP 为 9 000—10 000 美元（以 2005 年美元为标准）时，与此同时第三产业才出现一个爆发式的增长，而之前第三产业的增长都相对平稳；第二，对于那些成功实现赶超的发达国家或地区来说，比如日本、韩国、新加坡等经济体在其完成工业化的过程中，其第二产业的比重一直处于一个上升的过程，在工业化后期一般能达到 55% 以上；第三，对于那些陷入"中等收入陷阱"的拉美国家来说，在由工业化中期向工业化后期过渡时，出现了第二产业产值比重突然下滑、第三产业产值比重突然上升的经济现象。

2012 年，以 2005 年美元为标准，中国的人均 GDP 为 3 344.54 美元，按照钱纳里从人均 GDP 对工业化阶段的划分标准来看，我国处于工业化中期阶段，并且距离进入工业化后期 5 645—10 584 美元还有一定差距。从产业结构来看，2012 年，第一产业增加值占 GDP 比重为 9.5%，第二产业增加值占 GDP 比重为 45%，第三产业增加值占 GDP 比重为 45.5%，我国已经步入工业化后期；从就业结构上看，我国第一产业就业人数占比为 33.6%，我国当前还位于工业化中期；从制造业增加值占总商品增加值比重来看，2012 年制造业增加值占总商品增加值比重为38.48%,仍位于工业化初期,距离工业化完成(50%—60%)还有一定路程。综合上述各种指标和数据,我国当前经济发展阶段位于工业化中期,产业结构的发展领先于其他指标,工业结构的发展落后于其他指标,即当前我国主要以加工工业为中心,一直未进入技术密集型加工工业为重心时期,进而导致制造业增加值占比不高。因此,产业结构与工业结构的非同步发展,即工业结构的落后是产业结构畸形的重要原因之一。尽管信息革命为我国服务业发展提供了非常好的契机,但是对照国际经济发展转型的经验规律,像我们这样一个仍处于工业化中期阶段经济发展水平的国家,第二产业还有很大的上升空间,但是这种上升不是建立在简单的重复投资的基础上,而是建立在创新驱动发展的基础之上,从而为第三产业的腾飞提供技术保证和产品支持;相反,如果没有制造业的快速发展,第三产业的快速发展必将导致该产业和第二产业的过度投资、重复建设、恶性竞争,从而可能导致我国的经济陷入中等收入陷阱,阻碍经济的可持续发展。

总之,为了尽快穿越"中等收入陷阱",我国的产业结构转型和升级的方向应该为进一步鼓励第二产业由低端制造业向高技术产业、装备制造业转型升级,从劳动密集型、资本密集型产业向技术密集型和知识密集型产业过渡,以进一步拉动第二产业比重的上升,从而尽快实现工业化,并为本世纪中叶人均GDP达到中等发达国家水平奠定良好的工业基础。相反,如果脱离当前我国现有的经济发展水平而片面地追求服务业赶超发展可能不利于我国经济长期健康稳定发展。

4 Part

财政探索：志持志筹，经济天下

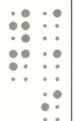

促进纳税与地方性公共产品供给相匹配

刘 怡

新一轮财税体制的深化改革,其关键不仅是税收制度本身的优化设计,更在于发挥并稳固市场机制在公共产品供给中的重要作用,实现财税体制社会公平与经济效率的相互统一。1994年的分税制改革,使得地方政府倾向于追求经济增长,基本公共产品供给投入在地区和城乡之间严重失衡。此外,户籍制度是关系个人享受当地公共产品权限的重要因素,人户分离现象加剧了个人税负与公共产品享受的割裂。因此,以实现公共产品供给的空间合理分布为目标,以协调居民税负与公共产品享受之间的关系为手段,促进财税体制的本质性转型,是必然选择。

在以往的研究工作中,Tiebout(1954)用脚投票理论从市场选择角度,分析居民偏好与地方公共产品供给之间的关系。Oats(1965)、Buchanan(1972)、Stiglitz(1983)和Fischel(2000)批判性地发展了Tiebout模型,深入探讨地方税收对公共产品供给数量和质量的影响作用。随着税收竞争和财政分权理论的发展,中国学者将Tiebout模型运用在地方政府行为分析中,探讨在财政分权框架下税收竞争、地区差异与公共产品供给之间的作用机制(平新乔、白洁,2006;张晏、龚六堂,2004)。这些成果深入阐述了当地公共产品供给对居民行为的影响,对于优化财政支出结构、提高公共服务质量都具有深刻的政策启示。

现行税制下,纳税人个人的税收贡献与地方性公共产品的供给没有直接联系。之所以如此,主要基于以下原因:

一是个人纳税的契约身份和享受公共产品的户籍身份之间的矛盾。比如

《个人所得税自行纳税申报办法》对纳税地点的规定:"在中国境内有任职、受雇单位的,向任职、受雇单位所在地主管税务机关申报。""在中国境内有两处或者两处以上任职、受雇单位的,选择并固定向其中一处单位所在地主管税务机关申报。""在中国境内无任职、受雇单位,年所得项目中有个体工商户的生产、经营所得或者对企事业单位的承包经营、承租经营所得(以下统称生产、经营所得)的,向其中一处实际经营所在地主管税务机关申报。"可以看出,一方面,居民以市场契约身份,按照能力或受益范围承担纳税义务;另一方面,居民则以户籍身份,限制性享受当地公共产品或者服务。这就使得在人户分离情况下,居民在纳税义务和公共产品权利之间出现相互背离。

二是个人税收的私有性和公共产品供给的公共性之间的矛盾。居民需要不分地区、无条件依法纳税,具有义务上的私有性。但是,在公共决策上,居民偏好可能被忽略,最基本的公共产品无法得以满足。尤其是在人户分离情况下,流动人口在当地的公共决策中权利受限,很少影响公共产品供给。

三是缺乏财政支出的事后问责考核机制。目前,中国财政预算的硬性约束有待强化,财政支出监督机制亟待建立。在缺乏财政支出问责机制的情况下,大量的财政资金利用程度不高,造成经济成本。

税制改革应强调纳税义务与地方性公共产品供给的匹配,满足与地方政府财政利益和地方居民利益的激励相容性。若地方政府以提供地方性公共产品为理由征税,居民既可以接受选择支付地方税收,也可以通过用脚投票方式拒绝付税,通过选择在不同的社区内居住显示其对地方性公共产品的偏好。很明显,当居民们通过对居住社区的选择完成其对社区公共商品和服务的投票时,必然受限甚至受制于中国现行的户籍管理制度。

改革开放中的中国居民公民意识日益成熟,对于影响其根本利益的地方税收显然不会无动于衷。当房地产税主要为全社区范围内的公共商品提供资金时,社区居民的流动性将导致不同收入水平的社区分层的形成,很明显,开放社会和开放社区的形成,必然受限甚至受制于现行房地产税的收入再分配目标。

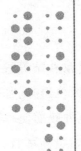

必须重视增值税分享制度对经济增长方式转变的阻碍

刘 怡

作为第一大税种,增值税是我国中央和地方政府收入的重要来源。1994年的分税制改革,确立了以生产地原则(注册地管理办法)为核心的增值税地区分享制度。随着营业税改增值税的推进,地方事权与财力失调的矛盾逐渐凸显。改革现行增值税分享制度,促进政府管理经济方式转变,已成为我国财政体制改革必须考虑的重要问题。

一、增值税生产地原则(注册地管理办法)的弊端

生产地原则和消费地原则是指导增值税在国家/地区之间分享的两个基本原则。在消费地原则(Destination Principle)下,商品或劳务在哪国/地区消费,增值税就归宿于该消费地;而在生产地原则(Origin Principle)下,商品或劳务在哪国/地区生产,增值税就归宿于该生产地(通常采用注册地管理办法)。

根据《增值税暂行条例》关于纳税地点的规定,我国按生产地原则在地区间分享增值税,并通过注册地管理办法得以实施。笔者研究显示,这种分配办法存在以下问题:

第一,生产地原则极大地激发了地方政府招商引资而非刺激消费的热情。增值税按生产地原则在地区间分享形成了一种错误的激励,即地方政府的首要任务是扩大生产,同质化产品的重复生产在今天各个传统行业一再上演,无论是玻璃、汽车,还是水泥、造船、铝土矿。为了吸引投资,各地方政府动用其

可支配的收入和支出,通过土地出让价格优惠、税收返还、财政补贴等税收或非税措施,形成实际上的差别税率吸引投资,扭曲了企业的区位选择,加剧了地区间财政收入能力的不公平。多年来,招商引资一直是地方政府工作的重点,各地争上石油化工、汽车、烟酒、房地产等高产值、高税收贡献的项目,导致生产过剩和产业结构同质化问题凸显。相比招商引资,地方政府对促进消费兴趣不大,因为消费提振,只是让生产所在地从消费地老百姓的口袋里拿走更多。

第二,生产地原则造成增值税在不同地区分布的扭曲。例如,一家上海公司从深圳进货,并通过其在南昌的分支机构在江西销售。假设深圳供应商的卖价是100元加17元的增值税,上海公司支付给深圳供货商17元的增值税,而从上海到南昌是内部发货,无成本核算,南昌的分支机构按照200元的价格在江西销售,上海可以从江西的最终消费者手里得到200元加34元增值税。这34元的增值税按注册地管理办法交到上海,抵扣支付给深圳的17元,上海得到17元,而支付了全部34元增值税的最终消费者所在地江西却没有任何增值税收入。由于抵扣机制的存在,企业层面不存在重复征税,但注册地管理办法却造成增值税在不同地区分布的扭曲。

第三,生产地原则会激励地方政府要求跨省经营的企业在当地注册,导致多重注册,增加税收管理和遵从成本。如果采用合并申报,又会导致税收从贫困地区向富裕地区转移,因为富裕地区比贫困地区有更强的经济实力,更易吸引企业注册其总部。

二、借鉴国际经验改革增值税分享制度,促进经济增长方式的转变

面对增值税分享存在的问题,各国在实践中,尝试了不同的解决方案。例如,根据消费地原则,以最终消费地为基础,并考虑地区均等化等因素在地区间分配税收收入;或者允许地方政府自主决定销售税税率。下面介绍几个国

家的做法。

（1）加拿大使用"协调销售税"体系，以消费地原则为基础分配增值税。该方法将所有用于分享的增值税收入合并入账，使用宏观指标计算得出各省的消费比重，用特定的公式来估计各省的消费比例。

（2）日本的消费税清算。日本地方消费税税率为国税税率的25%，即5%的消费税税率中4%是国税，余下1%归地方政府。归属地方部分的消费税采用"消费地原则"在各个地区之间进行分配，分配基础为通过统计数据加权计算出来的"消费相当额"。

（3）美国州和地方的销售税。美国没有增值税，但各州征销售税（相当于增值税仅在零售环节征一道税）。不同于其他国家，美国各州自主决定是否征税以及税率。由于销售税仅存在于零售环节，因此美国的销售税彻底执行的是消费地原则。近年来，面对电子商务的快速发展，Best Buy 和 Walmart 等有实体店的网上商店，已开始根据购买者提供邮寄地址的邮政编码，预扣居住地销售税款。

采用"消费地原则"分享增值税能避免地方政府过度招商引资对企业区位选择的扭曲，将地方政府的工作重点从刺激投资转向刺激消费。结合国外商品税地区间分享经验，建议政府尽快消除注册地管理办法的弊端，按消费地原则确立增值税地区间分享制度。在此基础上研究中央与地方合理的分享比例，促进经济发展方式的根本转变。

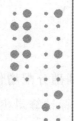

对个人所得税改革的设想

王大树

十八大和十八届三中全会都提出要加快财税体制改革,在这方面,老百姓最关心的是个税改革。

但是,近些年来,除了提高起征点以外,个税改革几乎没有其他动作,也就是说,税改走上了"独木桥",两三年提高起征点一次,每次的幅度都很大。例如,2011年那次一下子提了75%,达到三千五百元。现在三年半过去了,老百姓又不满意了,有人主张提到五千元,有的人甚至要提到一万元、两万元。沿着这样的路子走下去,起征点越来越高,缴税的人越来越少,路越走越窄,最后肯定走不下去。我觉得,税改不应该光是提高起征点一条路走到黑,而应当改弦易辙,对个税制度设计的缺陷进行改革。

从国际上看,个税模式按照征收方式可以分为综合所得税制、分类所得税制、综合与分类所得相结合税制三种类型。我国税务当局和学术界大多数人都主张实行分类和综合所得相结合的模式,官方文件也是这样表述的。我认为,分类综合结合制实际上是一种混合模式,两种制度混在一起,造成计税复杂烦琐,是一种过渡形态,将来还是要向综合制的方向发展。从世界的范围来看,采取综合制的国家占绝大多数,实行综合与分类相结合税制的已经很少,采用分类制的国家更少,只有中国和非洲、西亚的几个发展中国家。

所以,在个税改革大方向已经明确的情况下,我们不必经过中间阶段,可以跨越式改革,直接从按月计征的分类制改为按年计征的综合制,把11类收入按年统统汇集起来,合并计税。不然的话,我们辛辛苦苦改成分类综合制以后没几年,还得继续改革成综合所得制。那样制度转换的成本太大,时间也太长。

家庭是社会的基本细胞。我国社会主要是以家庭为单元进行生活和经济核算的,所以,应该以家庭作为基本单位来计算和征收个税。下面结合几个税务概念来谈谈个税改革的设想:

(1) 家庭成员。可以把在公安局派出所登记在同一个户口簿上的人员作为纳税的家庭成员,包括孩子、夫妻、老人。

(2) 纳税人识别号。税务部门按照国家标准为全国人民不论男女老少每个人都编制唯一且终身不变的确认其身份的数字代码标识。这个税号可以是身份证号码,伴随一生以用作纳税申报和生计免征额的确定。

(3) 源泉扣缴。企业、机关和事业单位在支付工资、薪金和其他报酬的时候代扣代缴个税,并在年初将上一年度内的工资、薪金和其他报酬以及代扣税金书面通知雇员以便后者进行纳税申报。

(4) 家庭毛收入。以家庭为单位将每个家庭成员的当年收入都汇总起来。这些收入不仅包括工资、薪金、奖金、津贴、补贴、劳务报酬、稿费、特许权使用费,还包括财产租赁所得、财产转让所得、利息、股息、红利、偶然所得和其他所得。总之,将税法规定需要纳税的全部收入都汇集起来作为家庭毛收入。

(5) 生计免征额。每个家庭成员都给一个生计免征额。免征额的确定以平均每人的基本生活费用为限,目前可以参照城镇居民最低生活保障水平。免征额与纳税人识别号绑定,每人一年只能用一次。全国实行统一规定的免征额。有人主张各省份根据当地的物价水平来分别制定不同的免征额,这样的漏洞会吸引一些富人迁往高免征额的地方而少缴税,使税收调节收入的功能大打折扣。免征额全国统一是国际惯例,确定免征额的权利不能下放给地方。

(6) 成本费用扣除额。还要扣除与取得收入直接有关的一些成本和费用,如房屋租金收入与房屋维修成本,卖房收入与购房所花的费用,等等。这部分成本和费用计算比较复杂,建议实行标准扣除法,按税法规定的统一标准来扣除。

(7) 特殊扣除额。现阶段主要是个人缴纳的基本养老保险费、基本医疗保险费、失业保险费和住房公积金,等等。

(8) 应纳税收入。家庭毛收入 - 生计免征额 × 家庭成员人数 - 成本费用扣除额 - 特殊扣除额 = 家庭应纳税收入。

最后,按照税表规定的档次和税率来计算出应纳税额。此应纳额同雇主通知的已代扣税金比较以后向税务局进行申报,多退少补。这样,一年一度的家庭纳税申报工作即告完成。

需要说明的是,如果家庭成员中的老人年收入超过生计免征额,在上述的纳税申报中避税意义不大,可以将老人的收入分离出去,由他们以自己的名义进行申报;另外,还要制定一个减半征收的税率表,用作单身人士的申报。

必须注意的是,这样税改的一个前提条件是减税。现在我国税收的总体负担已经很重了,必须适当减税才能为个税让出改革的空间。减税的重点在于间接税,以增值税为例,我国的税率是17%,不仅在发展中国家名列前茅,在发达国家中也是走在前列,所以应该适当降低增值税税率。当然,个税的税率也偏高,也还有减税的空间。

总之,个税改革应该有一个清晰的时间表和路线图,争取早日建立起一个以家庭为单位、按年计征的现代综合所得税制度。

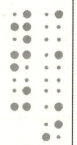

发展公共消费和社会保障助力全面建成小康社会

李心愉

2015年的"两会"在欢乐的元宵节当日隆重召开,这标志着我国在全面建设小康社会的进程中又迈过了一年。党的十八大重申,要在建党100周年前后全面建成小康社会。这一个在改革开放初期提出的长期奋斗目标,在弹指一挥间已经临近。在全面建成小康社会的临近阶段(5—6年,也就是一个五年规划的时间)或者说冲刺阶段,中国的经济和社会还应该有一个较大并且是全面的发展,我们才能对历史交出一份合格的答卷。但在另外一方面,随着我国进入上中等收入国家(2010年)的行列,在新的历史起点上与发展阶段中,我们的经济增长步入了一种新的常态。在未来的发展中,年均经济增长有可能比改革开放后的前30年有明显放缓,由高速增长转为中高速增长甚至可能是中速增长。这就使发展面临新的矛盾:一方面,为了实现长期奋斗目标,我们仍然必须保持一定速度的经济增长;而另一方面,我们的潜在经济增长率又在放缓。如果说我们的经济放缓超出了实现长期目标所需要的下限,就有可能影响我们全面建成小康社会。因此,如何不断地改善和调整我们的发展结构,使之既能促进我国的经济增长,又能够满足全面建成小康社会的需要,是现阶段经济和社会发展中应该考虑的重要问题。

长期以来,在我国经济增长中,对于最终需求拉动,我们更多地依靠外需拉动和投资拉动,最终消费的拉动是相对滞后的。从短期效应看,扩大出口或增加投资,能够迅速带动经济增长,但无论是外向型经济还是投资的非常规性扩张,通常都是不可持续的。长期和稳定的经济增长,归根结底,还是要由内需尤其是最终消费来支持。这不仅是经济增长本身的需要,也是建设中国特色的社会主义的需要。如果我们的经济增长成果,不能在广大人民群众消费水平的提升上同步地表现出来,那么这个经济增长就不能够被认为是一个成功的经济增长。全面建成小康社会的最终标准,一个是"全面",一个是"小康",全面指的是广大人民群众而不是"一部分人"。"小康"可以有很多标准,但如果把它简单化,直接从邓小平当年提出这个名词的原意上理解,它说的就是人民生活,我们的国防、高铁建设、高楼大厦、交通网络、现代通信甚至反腐倡廉,都在直接地或间接地为这个目标服务。所以,在未来全面建成小康社会的攻坚年份中,要把改善群众收入及其生活水平作为一项重点工作来推动,使人民群众真正体会到实实在在的小康,而由人民群众收入提高所拉动的消费也将为现阶段的中国经济增长做出新的贡献。

近几年来,尤其是党的十八大以来,我国的收入分配格局已经有了一定的改善,居民收入和消费的实际增长也超过了经济增长,最终消费对于经济增长的贡献也在增加。但是从力度上看,最终消费增加得仍然不够。如果消费没有充分调动起来,而出口又因为国际环境的恶化不能很快得到改善,投资因为已经存在严重的产能过剩而无法继续扩张,那么我们的经济增长就有可能受到影响。由于消费的增长牵涉千家万户,在发展中所牵涉的利益关系远比发展出口和投资复杂得多,所要做的工作也繁重得多,这实际上对我们各级政府改善职能提出了新的挑战。因此,如何通过改善群众的消费,尤其是中低收入居民的消费,来促进我国经济社会的全面发展,实际上已经成为摆在我们面前的最重要任务。

最终消费包括两个方面的消费,即居民最终消费和政府最终消费。对于如何改善居民家庭的最终消费,现在的讨论已经很多,而且也做了不少的工作。但在改善政府最终消费方面还应该进一步推进。改善政府最终消费的核心,现阶段的关键不在于如何扩大政府消费的规模而在于如何改善和提高政府及政府主导的公共消费的效率。因为中国目前财政收支占整个国民经济的比重已经比较大,再扩大就可能超出社会能够承担的能力。关键是要通过深化的体制改革,一方面改善政府职能,通过简政放权、抓大放小等措施,提高各级政府的办事效率;另一方面要改善和提高由政府管理或主导的社会保障的能力,让人民群众享受到更好的公共消费。

我国的居民消费之所以滞后于经济增长,除了收入分配方面的原因之外,一个重要的影响因素在于我们在前期市场化改革进程中,把一些政府实施的社会保障职能也市场化了,一些本来由单位或者是政府承担的教育、医疗、住房、养老和其他社会保障,在改革之后变成由劳动者或者说是居民家庭直接承担,这就使很多居民家庭对未来的预期变差,增加了社会的储蓄倾向,从而抑制了消费,客观上也增加了居民家庭在原本应该由公共消费负担的生活保障方面的支出。对于这一方面的改革,我们应该总结经验,借鉴世界各国的好的经验和成果,在城乡一体化这一新的高度上,发展全国统一的社会保障体系。要把顶层设计和摸着石头过河结合起来,不断减少甚至消除城乡之间、地区之间的不同人群享受社会保障权利上的政策性歧视,减少城市化进程中在社会保障方面对劳动力自由流动所形成的障碍,发展中国特色的社会主义保障制度,为全面建成小康社会提供支持。这不仅体现着社会主义的公平精神,同样也有利于改善经济活动的效率。

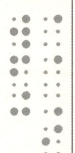

全面深化改革探索我国国库现金管理新模式

许云霄

今年的"两会",带给我们更新的思想,四个全面的提出,坚定在重大财政经济领域涉及国计民生的制度建设和完善。在新形势新常态之下,国家应着力于建立由多个部门分工协作、职责明确的国库现金管理体制,并且建立严格的责任追究机制和规范的监管体系,着力于提高财政资金管理效率,发挥公共财政的关键作用,实现市场经济目标。2006年6月和9月,财政部、人民银行分别颁布了《中央国库现金管理暂行办法》和《中央国库现金管理商业银行定期存款业务操作规程》两份文件,初步建立了货币政策调控与国库资金管理相协调的国库现金管理制度框架。同年10月,人民银行、财政部与52家商业银行签署了《2006—2008年中央国库现金管理商业银行定期存款主协议》,正式确立了符合我国国情的国库现金管理商业银行定期存款运行模式。由此,我国国库现金管理的改革和发展,逐渐融入了财政管理体制。

从国际上来看,有的国家金库设在央行,有的国家设在商业银行,我国金库设在人民银行。财政部国库司负责国库管理的政策制度,负责财政资金的收入和支出运行管理,即财政资金收入、收缴、支付的整个管理工作。人民银行的国库机构具体经办库款的缴纳和支拨等业务,按照财政部门的支付指令办理资金拨付。国库单一账户是西方国家在财政资金收付方面普遍采用的管理办法,政府的财政性资金,包括预算内和预算外资金统一集中到国库单一账户,所有的财政收支均通过这一账户进行管理。国库单一账户一般建在中央银行,只有在未设中央银行的地方,才允许将国库单一账户设在商业银行。我国从 2001 年开始国库单一账户制度改革试点,目前预算内资金基本实现国库单一账户管理,未来应逐步将所有的财政资金都纳入国库单一账户,实现包括预算外资金在内的财政性资金由国库单一账户集中管理。在坚持财政资金使用权和审批权不变的前提下,一个预算单位只能开设一个零余额账户,取消各预算部门独立开设的预算账户。完善国库集中支付运行机制,在预算单位需要实际支付时,将资金从国库单一账户直接拨付给最终用款人,减少国库资金中间环节,提高预算资金运行效率。

西方国家在有关国库资金的使用、支付和监督过程中对各有关部门的权利和责任都有明确的规定,并用立法的形式制定了严格的责任机制和规范的监管体系以及一系列的严惩措施,通过围绕预算支出的事前、事中、事后的监督形成了完整的监控体系。在这些监督中,不同机构的职责和作用一般都有相关的法律来予以明确划分,由此建立起分工明确的国库资金责任体系。此外,西方国家还设计了专门的审计监督机构对国库资金的运作进行全程严格的监督。我国对国库资金进行监管的机构很多,人大、财政部门、人民银行国库部门、审计部门、政府支出部门都有对国库资金监管的职责,存在的主要问题是权责不够明确和对称,独立执法能力弱,权力之间缺乏制衡,监管流于形式,约束软化等。应借鉴西方国家的做法,以预算为主线,对预算编制、执行过程、执行结果进行全过程监督,以明确的法律形式明确各部门的权力和责任,建立严密高效的国库资金监管体系。

我国目前已步入经济新常态阶段,改革也进入深水区,但法律体系还不完善,金融体系尚不成熟,国库现金管理制度改革正处于攻坚阶段。国库现金管理首先要确保国库支付需要和国库资金安全,即保证流动性和安全性,其次才追求收益性。对于发展中国家而言,建立完善的国库现金管理机制比短期的货币收益更为重要,国库现金管理既要提高国库现金收支和余额管理效率,又要防止有关部门为增加收益而扭曲预算执行。另一方面,国库现金管理要具备协调宏观经济政策的功能,能够促进债券市场和货币市场的发展,有利于与债务管理的融合并尽可能避免对货币政策实施产生负面影响。国库现金管理是我国财政管理制度改革的一部分,开展国库现金管理能促进改革其他部分向前发展,如集中收付改革和预算编制改革等。

具体地,我国国库现金管理工作主要包括以下三个方面:其一,加快资金入库,规范资金出库。完善国库单一账户管理体系、支付系统和核算系统,提高管理理念和加快制度创新。其二,准确预测现金流是国库现金管理的基础。预测能力的提高依赖于信息系统的完善、支付信息提前预报制度的建立和有效的分析模型。其三,国库现金余额的管理,可以分为简单国库现金余额管理和积极国库现金余额管理。简单余额管理模式,意味着现金管理人员不会在金融市场积极投资,在出现闲置现金时,通常会将盈余存入中央银行或商业银行,在资金短缺时通过短期借款融资,如发行国库券。积极现金余额管理模式,意味着现金管理人员根据对现金流的预测结果,通过在金融市场中积极运作,以达到更好平滑国库现金余额的目的。其操作主动性较好,例如,法国国库署在2006年共进行了8 416笔国库现金管理交易(包括货币市场交易、利率互换、回购等),平均每天33.1笔交易,国库库存每日余额控制在1亿欧元以内。

简单余额管理模式是积极国库现金管理模式的一个必经阶段,但是否要建立积极国库现金管理模式要根据具体情况,结合成本效益进行审慎选择。目前,我国中央国库现金管理还处于简单余额管理的初级阶段,理想状态是将来能够实现积极的现金管理模式。国库现金管理不一定要求现金流量管理、国库现金流量预测和国库现金余额管理三个方面的工作同时达到标准,但要促进国库现金管理良性发展,这三方面的工作都是不可或缺的。即使只进行简单国库现金余额管理也需要具备一定的国库现金集中和预测能力,国库现金越集中,预测能力越强,国库现金余额管理效果越好。但我国是否应效仿西方国家成立独立的国库现金管理部门,这个问题主要依赖于以上三个方面工作的发展情况。

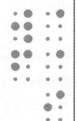

关于当前地方债务问题的总结与思考

许云霄

一、当前地方债的形成与发展

中国当前仍处于城市化进程中,地方政府有大量改善基础设施的投资需求,地方公共物品的提供都需要大量资金。强烈的举债需求,当然源于强烈的投资需求,强烈的投资需求又源于追求 GDP 的不适当政绩观,求发展→出政绩→上项目→增投资→搭车举债。2014 年房地产市场降温,地方政府来自土地的收入下降近半,有过万亿元的资金缺口需要补上,融资需求加剧。预计 2015 年房价进一步下滑,与此相对应的土地财政收入将更加严峻。中国宪法中规定地方政府不能举债,所以地方政府必须想尽办法弥补资金需求的缺口。

审计署 2013 年 12 月公布的全国政府性债务审计结果,目前地方政府债务的资金来源主要包括银行贷款、发行地方政府债券、企业债券、信托融资等。其中,银行贷款占债务总额比重达 56.56%,发行地方政府债券和企业债券则分别占到 3.71% 和 6.22%。Wind 资讯统计数据显示,2014 年 1—10 月,30 个省份的城投债累计发行额度为 14 548.38 亿元,总共发行 1 365 只城投债。

中央和地方在债务管理博弈中,始终处于一种中央禁止—地方创新—中央再禁止—地方再创新模式的不断循环。而且在地方出于追求经济发展速度,房地产业和金融业出于追求利润的共同目标和强大动力下,地方政府始终能找到规避中央禁令的办法。如对地方负债的禁止,催生了融资平台这一新生事物,对地方平台取得银行贷款的约束,催生了信托融资租赁等影子银行的壮大。这些禁令短期内取得了一些政策效果，但地方的融资冲动和金融行业的创新很快就会突破各种约束，随之而来的各种创新金融工具继续源源不断地为地方融资提供便利，不仅无法有效遏制债务规模的扩大，反而使各类金融机构加入了地方融资的利益链条中，一定程度上抬高了融资成本。

2013年12月审计新增BT融资和信托融资等方式，说明地方政府举债的来源更加多样化。而且由于BT和信托融资隐蔽性强，不易监管，且融资成本普遍高于银行贷款和发行债券，地方政府债务出现新的风险隐患。因此，中央应该更加客观地看待地方政府的融资需求，继续在地方发债等传统渠道中多开前门，少一些禁止性行政命令，减少地方规避监管而隐瞒融资的行为，从而使风险更难暴露。

二、顶层政策设计与控制

2014年5月，财政部出台了《2014年地方政府债券自发自还试点办法》，随后的10月国办发布《关于加强地方政府性债务管理的意见》，财政部出台了《地方政府性存量债务清理处置办法》（以下简称《处置办法》）和《地方政府债务纳入预算管理清理甄别办法》（以下简称《甄别办法》）等可操作性极强的文件，以锁定存量债务，降低政府债务风险，避免区域性和系统性风险爆发。由此可见，中央政府在化解地方债风险这一问题上态度坚决，力保地方债风险软着陆的决心也非常大。《处置办法》明确剥离了融资平台公司的政府融资职能，规定融资平台公司不得新增政府债务。这将破除此前政企不分所导致的权责不明等问题。而《甄别办法》则明确了存量债务的处理细则，要求各地先摸清债务情况，再进行分类处理。

根据《甄别办法》，在清理存量债务时要明确政府和企业的责任，企业债务不得推给政府偿还，切实做到谁借谁还、风险自担。按照"权责利相一致"的原则，相应的资产、收入或权利等也应随偿债责任一并划转。同时，根据项目本身的收益情况，《甄别办法》还将政府负债项目分为不同四类，对应"不纳入政府债务、一般债务、专项债务"等不同的甄别结果。

《甄别办法》则明确规定,对适宜开展政府与社会资本合作(PPP,Public-Private Partnership,政府与社会资本合作)模式的项目,要大力推广 PPP 模式,以此鼓励社会资本参与提供公共产品和公共服务并获取合理回报,同时减轻政府公共财政举债压力、腾出更多资金用于重点民生项目建设的目的。鼓励社会资本通过特许经营等方式,参与城市基础设施等有一定收益的公益性事业投资和运营。政府通过特许经营权、合理定价、财政补贴等事先公开的收益约定规则,使投资者有长期稳定收益。投资者按照市场化原则出资,按约定规则独自或与政府共同成立特别目的公司建设和运营合作项目。投资者或特别目的公司可以通过银行贷款、企业债、项目收益债券、资产证券化等市场化方式举债并承担偿债责任。政府对投资者或特别目的公司按约定规则依法承担特许经营权、合理定价、财政补贴等相关责任,不承担投资者或特别目的公司的偿债责任。

三、对地方政府财务报告的要求及地方政府信用评级

新预算法要求实施严格的债务报告与审计制度。一是要规定地方政府必须对债务进行全面的统计,凡地方政府负有直接偿还责任的债务应列入必须统计的范围,负有担保责任、连带责任的债务以附件形式另加说明。二是对地方债进行定期审计。三是要实行地方债报告制度,地方政府债务的统计、审计情况要定期向人大报告,同时将其列入财政信息公开的范围,向社会公布。为解决地方债务危机,配合债券市场的发展要求,必须发展地方政府信用评级。地方政府评级首先要解决三个问题:一是地方政府债务上限警戒线如何确定;二是存量债务能否按期偿还;三是如何衡量新增债务空间。具体分析方法包括,偿债环境、财富创造能力、偿债来源、偿债能力、级别确定、级别验证与调整、压力测试预测方法和债项评级。

国内地方债信用评级刚刚起步,存在一些问题。比如很多试点地区的地

方债都获得 AAA 最高信用级别,使得信用评级对地方债发行利率的指导性很难体现出来。出现这一问题有两方面原因:一方面,评级机构和地方政府相比,处于弱势地位。目前地方政府如何选聘信用评级机构并不透明,那些收费低、评级高、承诺评级速度快的机构更可能胜出,容易导致机构之间的恶性竞争。另一方面,目前地方债评级采用发行方付费的方式,评级机构与债券发行方利益有一定关联性,评级机构存在道德风险。

四、总结

中央政府的目的是控制地方财政风险,把地方政府债务分门别类纳入全口径预算管理,地方所有形式的政府性债务基本都被装进了政府预算的"笼子"里。为此要求地方政府要将一般债务收支纳入一般公共预算管理,将专项债务收支纳入政府性基金预算管理,将政府与社会资本合作项目中的财政补贴等支出按性质纳入相应政府预算管理。存量债务和这些债务每年所产生的大部分支出,都会被分类纳入政府年度预算账本中。而在建项目和新建项目所形成的债务,原则上只能通过地方发行自发自还的政府债券来偿还,只有在建项目债务仅通过政府债券不能完全覆盖时,才允许以贷款方式解决。

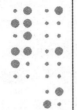

改革税收体制,推进 PPP 模式

袁 诚

引导社会民间资本进入公共品供给领域与政府资本进行公私合作,从而达到转变政府职能,完善社会经济结构,提高公共品供给与整体经济效率的目的,正成为十八大以来我国政府推进管理创新,改革投融资体制的一项重要课题。2014 年 9 月 23 日财政部发出《关于推广运用政府和社会资本合作模式有关问题的通知》(76 号文),进一步明确了新一届政府对公共经济领域中公私合作方向的重视与肯定,鼓励社会资本参与提供公共产品和公共服务并获取合理回报,大力推广项目融资的 PPP(Public-Private Partnership)模式。

PPP 模式直接"化解"地方融资平台风险,是城镇化中公共基础设施投资的创新模式。PPP 模式能够提高公共品供给经济效率的前提在于,公共部门和私营部门发挥各自的优势,并明确各自的职能。政府的贡献着眼于提供资金(来源于税收)、资产转让、其他承诺或实物捐助等形式,以及履行社会责任、培养环保意识和提供政治支持;私营或社会部门的作用则在于发挥其在商业、管理、运营和创新方面的专业知识,实现项目的高效运营,部分也为项目提供资金。显然,PPP 模式的有效实施还需要有与其相适应的配套机制予以支持,包括投资机制、土地使用、信贷政策、税收政策等。其中,配套的税收政策的设计与改革对于公私合作模式的推进有着特别重要的意义,从长期来看在这一方面,需要我们关注以下几个问题。

第一,中央与地方税收分成问题,地方政府推动城镇化的发展,进行基础设施投资,进行经济建设需要有财力支持,但目前中国的税收结构中,中央政府49%的财权只承担20%的事权,地方政府51%的财权却要承担80%的事权,在地方政府又没有发债权的情况下,"土地财政"、地方融资平台就膨胀了起来。所以从这个角度来说,PPP模式本质上是为了化解过去中央地方事权财权不匹配的扭曲衍生出来的地方融资平台风险,因此,就需要中央地方财权事权的再平衡。

第二,中国现在的税收制度相当于18世纪美国、欧洲的税收制度,就是对财产和资本基本不调节的税收制度。欧美等主要经济体基本上都经历了从原始的税收制度到劳工保护到个人所得税,到遗产税,到赠与税,到固定资产税等,进行了一系列对资本、土地等财产征税调节收入的过程。如果对于"公平"的考虑(调节收入分配)对税收结构的影响是"有规律可循"的话,那么城市基础设施项目(大多数PPP项目)的建设能否推动一下这种税收结构的转型?比如随着地铁、公路的开通,地铁沿线、公路沿线的土地、房产会进行相应增值,那么在中国的房产税出台问题上能否在这些方面做做文章?

第三,加快营改增工作。进一步扩大增值税的税基,降低增值税的税率(适当降低目前税率17%、13%、11%、6%、3%与税率的数目,进而降低过多的不同税率带来的扭曲),尽可能做到低税率、全覆盖,进而避免重复征税,减少税收的扭曲效应。我们知道政府投入公共物品,需要通过征税来进行财政支出,征税就会对经济产生扭曲效应;社会资本投入公共物品,不会产生税收带来的扭曲问题,但社会资本不考虑公共物品的"外部性",这会导致公共物品投放不足,也会带来社会福利的损失。从纯粹"效率"的角度讲,公共物品究竟是政府投入还是社会资本投入,这需要"税收的扭曲效应"与"社会福利损失"之间两害相权取其轻,所以通过扩大增值税的税基,降低增值税的税率,避免重复征税,减少税收的扭曲效应势在必行。

从短期来看需要税收优惠政策与长期税制改革相配合,对于积极参与PPP项目的企业出台税收优惠政策,对于PPP项目下成立的公司出台诸如所得税"三免三减半"的税收优惠政策。例如2014年9月出台的《关于公共基础设施项目享受企业所得税优惠政策问题的补充通知》中规定"投资建设码头、航站楼、公路甚至发电机组的企业,都将享受到头三年免征、后三年减半征收企业所得税的优惠"。这项政策相当于把PPP项目的税收问题进一步理顺了,把公共基础设施和市政节能环保的税收政策结合统一起来,进而推动了社会资本投入诸如码头、航站楼、公路等基础设施的建设。

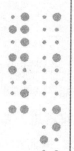

从我国财政政策的演变,看财政政策的特点

张 延 邱牧远

回顾改革开放三十年,中国的财政政策调控方式发生了很大的转变,由单纯"一刀切"转变为"有保有压",由僵化的"行政命令"转变为灵活的"市场引导",由单一政策工具转变为多种政策组合。财政政策调控方式并没有单纯照搬西方经济学中的理论,而是根据中国经济的实际,先后相继抉择实施了适度从紧的财政政策、积极的财政政策和稳健的财政政策。

适度从紧的财政政策是在1994年提出的。由于1992—1993年经济出现过热苗头,固定资产投资高速增长,政府明确要积极运用经济手段实现经济"软着陆",为了给经济过热降温,采取行政性"紧缩到底"的政策手段。适度从紧的财政政策表现为:控制政府财政支出规模,压缩财政赤字。运用经济手段和掌握好政策实施力度,避免经济剧烈波动,保持经济平稳增长,即实现经济运行过热状态的稳步降温。总量从紧,结构调整,做到"紧中有活",避免"一刀切"。

积极财政政策是在1998年提出的。由于亚洲金融危机的冲击,中国外贸出口滑坡,加上与国民经济运行周期低迷阶段相重合,经济增长显著放缓。针对市场有效需求不足的问题,政府实行积极的财政政策:通过增发长期建设国债来加强铁路、公路、农田水利、市政、环保等方面的基础设施建设,以此来扩大内需。同时采取减税、退税等税收优惠政策刺激投资,提高机关事业单位人员的基本工资标准,不断完善社会保障体系,提高下岗职工基本生活费、失业保险费、城市居民最低生活费水平,提高企业离退休人员基本养老金水平,通过改善收入分配来培育和刺激消费需求。

稳健财政政策是在2004年首次提出的。稳健财政政策是一种中性的财政政策，是一种松紧适度、有保有压的财政政策。稳健财政政策是当国民经济运行走出低迷后，为了保证经济平稳发展所采取的一种财政政策。这种财政政策能够对经济存在的结构性问题进行有效调整，保证国民经济平稳增长。稳健的财政政策主要措施：一是控制赤字。适当减少中央财政赤字，但不做急剧压缩，做到松紧适度，重在传递调控导向信号，既防止通货膨胀苗头的继续扩大，又防止通货紧缩的重新出现，适应进一步加强和改善宏观调控，巩固和发展宏观经济调控成果的要求，体现财政收支逐步平衡的趋向。二是调整结构。对财政支出总规模不做大的调整和压缩的基础上，进一步调整财政支出结构和国债资金项目的投向结构，区别对待、有保有压、有促有控，注重财政支出的增量调整和优化。三是推进改革。在以财政政策服务于合理调控总量、积极优化结构目标的同时，还应大力推进和支持体制改革，实现制度创新，即大力支持收入分配、社会保障、教育和公共卫生等制度改革，为市场主体和经济发展创造一个良好、公平的政策环境，建立有利于经济自主增长和健康发展的长效机制，优化经济增长方式。四是增收节支。依法组织财政收入，确保财政收入持续稳定增长，同时，严格按照预算控制支出，提高财政资金使用效益。

从财政政策宏观调控的演变可以看出，中国的财政政策在面对经济衰退的时候，综合国家干预主义和经济自由主义的观点，同时使用增支和减收的政策，一方面使用政府的信用增发国债筹集资金以扩大政府购买支出规模，另一方面降低税收来提升企业投资和居民可支配收入。从财政政策工具的使用看，政府购买支出政策、转移支付政策和税收政策使用更加灵活，能够针对经济所处阶段进行适当的微调，修正经济结构上的问题。在收支平衡方面，政府的大规模基础设施投资来自长期国债的发行。虽然按照李嘉图等价理论，收税和发债是等价的，今天的债务需要明天的税收来偿还，但是在实际检验中，李嘉图等价并不成立，债券被居民更多地看作一种财富而非税收负担，因此不会对其日常消费和投资产生不利影响。

Part 5

金融改革：权衡轻重，一纸风行

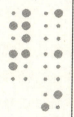

渐进而中庸的中国金融自由化

王曙光

2015年3月1日,就在"两会"开幕的前夕,央行宣布进一步放开存款利率浮动空间,这是我国利率市场化进程中非常重要的举措。近年来,我国在利率市场化、银行民营化、国有金融机构改革等方面进行了积极而稳健的探索,实际上执行了一种渐进而中庸的金融自由化战略。中庸是中国传统儒家哲学中非常重要的一个范畴。"中庸"这个"中"就是不偏,"庸"就是不易,"中庸"就是不偏不易。中国金融自由化的战略是一个中庸的战略、渐进的战略,这个战略非常适合于中国,不要轻易改变,不要走过激的、休克疗法式的、大爆炸式的金融自由化。

中国在改革开放后的三十多年间,执行中庸的金融自由化战略主要包括三个方面。

第一是实行金融约束战略。金融约束有别于简单的金融自由化,或者说金融约束就是中庸的、渐进的金融自由化。金融约束是介于严格的金融抑制和完全的、彻底的金融自由化之间的中间状态,在这种中间状态下,政府既对整个金融体系有相当强的控制能力,即保持国家控制力,同时又能渐进实现金融机构的有序竞争和金融资源的市场化配制。我一直强调,中国不要单纯提金融自由化,而要提温和的金融约束手段,要实现以下五个方面的目的:

(1)给银行特许权价值。特许权就是专利权,这种特许权价值是什么概念呢?政府通过给银行各种各样的隐性或者显性的保护或者扶持,让它拥有特许权价值,使它的地位比较稳固,可以支撑整个中国经济稳定的转型和稳步的发展。

(2) 实现对利率自由化节奏的有效控制。利率自由化不能快,而是要慢慢地来。我们的利率自由化是一个分阶段的利率自由化。首先,我们把货币市场利率慢慢自由化,而信贷市场利率自由化就要慢些;在信贷市场当中,首先把贷款利率自由化,同业拆借利率自由化,而存款利率自由化就要非常慢,到现在存款利率的市场化和自由化,还没有完全实现,要慢慢来,不要急于求成,要让银行慢慢适应。

(3) 汇率自由化节奏的控制。麦金农写过很多文章,他认为中国的汇率市场化不要太快,换句话说,中国由原来的固定汇率制转向有控制的浮动汇率制,要有一个缓慢的节奏,不要太快,这几年可以发现,中国的人民币升值,包括它的浮动都是极慢极慢的,但也不是不动,而是渐进地动、有理性地动、有控制地动。

(4) 资本账户自由化的有效控制。开放资本账户,让外国资本进入中国的资本市场,这个过程非常缓慢。前几年我们出了一个制度,即"合格的境外机构投资者"(QFII),就是挑选一些好的、优秀的境外机构投资者,让他进入中国资本市场,慢慢地才允许大量的机构投资者进来,然后慢慢地再让那些散户、让一般的投资者进来。先放开长期资本进入,然后再放开短期资本进入,避免当时马来西亚、泰国这些国家引进过多短期投机资本流入,汲取1997年亚洲金融危机的历史教训。

(5) 控制银行的民营化进程。大家知道,中国的银行不叫私有化,我们叫民营化。比如说农村信用社,吸引民间资本参与,实现了产权的多元化;其他城市商业银行、股份制商业银行以及国有大型商业银行,都慢慢实现了产权多元化。这个过程是慢慢地,不是通过苏联那种大规模出售国有资产实现的。同时可以发现,国有银行不是通过上市成为公众公司了吗?当它成为公众公司之后,不就被民营化了吗?尽管里面还有国家的控股股份,但是也有投资者的股份。这个民营化进程是被有效控制的,而不是以突然的、大爆炸的方式出现。最近民营银行已经逐步向民间资本放开,五家民营银行已经获得牌照。

第二是为金融部门提供相机性租金,推动渐进金融改革。中国在改革的

金融改革：权衡轻重，一纸风行

过程当中采取渐进的方式，这当然跟 1980 年之后邓小平的渐进的社会主义市场经济的推进战略是有关系的。我在近期读《毛泽东年谱》时发现，邓小平在 1980 年之后渐进式的改革战略，跟 1949—1957 年毛泽东在中国社会主义过渡时期渐进化的战略几乎是一样的，他们的思维、采取的方式、所有权的多元化及对当时经济改革的步骤控制，都非常相近。

什么叫相机性租金呢？政府给银行租金的时候，并不是没有条件的，优秀的银行，政府会给予鼓励，不好的银行，政府慢慢地要给予惩罚，因此这个租金不是白白给银行的，而是要竞争性地获取。因此我们发现，银行尽管地位比较稳固，但是银行的危机感也并不是完全没有。政府给银行各种各样的隐性保护，隐性的风险兜底，它是有前提的，就是你要做得优秀。

在银行退出机制方面，中国政府非常谨慎。以往中国政府对于银行采取保护的姿态，我们知道，赶超战略的国家采取金融抑制，一个最大的特点就是保护银行，一定要让银行感觉到我是稳固的，日本也是这样。中国到现在为止，银行的倒闭极少。中国在解决银行的退出机制方面，一般是采取劝说制度，如果一个银行要倒闭了，我们就劝说其他比较好的银行来救助他。最近我们知道，中国已经推出存款保险制度，要把以劝说和救助为主的银行退出机制转变成为市场化的方式，这是一个非常重大的变化，意味着中国银行业大洗牌的时代即将到来。

第三是商业银行进行的渐进式增量的改革。增量改革，也叫边际改革。最近十几年以来，中国股份制银行在迅速兴起，招商银行、兴业银行、浦发银行、中信银行等，这些银行都非常优秀，赢利能力都非常强；众多地方性的银行，如珠海银行、南京银行、北京银行等，也在全国各地如雨后春笋般崛起；同时，传统的农村金融体系、信用合作体系，出现了深刻的变化。原来农信社正在大规模地被改造为农村合作银行和农村商业银行。比如说烟台农村商业银行、青岛农村商业银行、北京农商银行、上海农村商业银行、天津农村合作银行、重庆农村商业银行、宁夏黄河农村商业银行等，这些都是中国渐进金融改革的一个组成部分。当然，中国人在进行渐进的金融自由化的过程当中，采取了非常严格的财政纪律和货币纪律。你要读《毛泽东年谱》就会发现,在1949—1957年,毛泽东在经济过渡时期的战略就是控制货币的纪律,不能出现通货膨胀,同时控制财政纪律,不让出现更多的财政赤字。今天也是一样在执行严格的财政货币纪律,以使得金融自由化能够稳健进行。

中国实际上在这个过程当中,避免了过激的自由化。苏联和东欧采取激进的金融自由化,负面效果是很大的。而中国避免了过激的行为,采取渐进改革,这是符合转型的规律的。因为在一个经济转型时期,无论是法律体系的建立,还是交易者和投资者的学习过程,还是政府行为的调整过程等,都需要一个长期的适应过程,这是一个学习过程,是一个行为的不断模仿的过程。让一个投资者了解一个经过几百年才成熟的市场化金融交易是怎么回事,这是需要过程的,不是瞬间就能明白的,何况还要有法律体系的调整和重构。过激的金融自由化会造成国家金融安全的风险。当时在课上叶列娜列举了11个苏联加盟共和国和东欧国家的资料,发现大部分国家外资控制银行的比例大概超过60%,银行如果被外国人控制,一个国家的金融安全就很难保证。这方面中国控制得很好,以后也要把严这个关,不要松了国家金融安全这根弦。

未来我国金融改革仍旧要坚持中庸的金融自由化战略,其主要趋势是:

第一是逐步降低银行的特许权价值。换句话说,政府对银行的保护要变小。我们现在发现,中国银行的家谱逐渐多元化,银行业的竞争不断白热化,银行破产概率不断增加。今年下半年到明年,央行要逐步推出存款保险制度,所以央行副行长易纲和银监会副主席阎庆民都讲到,中国的银行为了避免银行破产所造成的社会震荡,要推出存款保险制度。存款保险制度的推出的潜台词,就是银行有可能死掉,因此,银行业的总体风险也在不断显性化。

第二是利率市场化加速银行业的分化。利率市场化本身对银行不是单纯的好事。表面看来,银行都需要自由,要自由定价,但是在不自由定价的时代,银行过得很滋润。为什么呢?因为它的存贷利差非常稳定,只要把存款吸上来,贷款贷出去,存贷利差很稳定,空间很大,它的利润很丰厚。但是现在利率一旦市场化,存贷利差收紧,银行存活的艰难程度就比以前加剧很多。这个时候银行业的业务结构要被迫转型,银行必须从依赖存贷利差生存的业务结构转变成为更多地依赖中间业务、依赖理财业务、依赖表外业务来生存。银行应该遵循业务结构转型的需要,不断开发财富管理、金融服务、表外业务、中间业务等,因为这些业务不在资产负债表之内,不影响资金的占用。同时,利率市场化本身有可能造成银行业的分化,那些不好的、定价能力低的银行要被淘汰掉。20世纪90年代,中国台湾在利率市场化过程当中,有些银行因为剧烈的存款竞争就倒下去了。定价能力低,金融创新能力差,这样的银行就会死掉。在存款利率自由化之后,银行定价能力本身成为一个非常大的约束。

第三,未来中国要谨慎应对民间金融,以及由民间金融兴起而导致的局部金融危机。中国由于长期的金融抑制,导致民间金融十分发达,我们有大量的钱会、地下钱庄、地下典当业、各种集资等,这种民间金融的兴起已经影响到金融秩序。我们看到最近在各地都出现了大面积的民间借贷的"跑路"事件,引起了区域性的金融恐慌和金融风险,这是非常危险的。所以我提倡,民间金融需要阳光化、规范化、合法化,让它在阳光下活动,这样就可以避免民间金融的负面效果。同时,要大力防范局部的金融危机,当前由于企业担保链的断裂,导致金融体系的连锁反应,整个银行业的不良贷款率上升。我们在监管方面要做好应对金融危机和系统性金融风险的思想准备和机制准备。

第四是中国小微金融的崛起。这些年来,中国的小微金融处于崛起状态,这个小微金融包括农村信用社、村镇银行、小贷公司,也包括大量的小区型的资金互助等。现在即使是一些大型国有银行和股份制银行也在强调建设小区银行,把每一个触角伸到小区当中,为微型客户服务,加强对基层(如城市小区和村)的资金动员能力和金融服务能力。微型金融在中国反贫困当中起到非常大的作用。中国是一个典型的二元金融结构,小微金融的崛起可以弥补这样的缺陷,使农村和边远地区的金融体系有更好的发展,来构建中国未来的普惠金融体系。

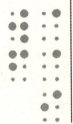

民营银行发展路径和存在的问题

王曙光

大力发展民营银行,解决我国融资难问题,是2015年"两会"的热点问题之一。过去的2014年,我国民营银行发展进入了一个新时代,五家民营银行获准筹建以及近期深圳前海微众银行的正式开业,对我国民间资本进入银行业起了非常大的促进和示范作用。

民营资本进入银行业的主要模式有增量模式和存量模式两种。所谓增量模式,即完全设立新的以民营资本为主导的银行。这类全新的商业银行目前在中国银行业中只占很小的比例,仍属于试验的范畴。即使在完全新建的商业银行中,政府为保障改革的渐进性和银行的稳定性,也通过各种方式发挥已有的存量银行体系的作用。增量模式的优点是民营银行可以规范化的全新面貌出现,没有历史遗留问题,较少产生制度与利益摩擦,但缺点是缺乏客户与营业网点基础,组建成本较高,且易造成金融机构过滥与无序竞争。

所谓存量模式,即通过对现有银行的产权重组或改建而组成新的商业银行。这种方式的缺点是在组建过程中会产生较高的利益摩擦成本,但可在较大程度上克服增量改革的不足。第一种存量模式是,在股份制商业银行、城市商业银行基础上成立民营银行,就是在解决历史不良资产问题的基础上,有步骤地吸收地方优质民营资本入股,进行股东结构的调整,实现民营资本控股。第二种存量模式是,在城信社或农信社基础上组建民营银行,在实践中,这类银行占绝大多数,近年来大量的农村商业银行、农村合作银行出现,其中引入了大量的民间资本。农信社和城信社本来与民营资本有着天然亲和力,不少农信社和城信社的经营者素质较高、市场定位合理,这些由存量部分改制而来的商业银行更容易吸纳民间资本,也更能够为民营经济的融资发挥积极的作用。

　　总体来说,我国民营资本进入银行业的路径选择呈现出"存量为主增量为辅"的渐进式特征,这与中国金融改革的渐进道路选择是相辅相成的。谨慎地创建增量部分,大刀阔斧地改造存量部分,如此才能够一方面顺利推进银行民营化改革,使更多民间资本进入银行业,另一方面又能够较好地控制由此产生的系统风险,避免银行民营化带来的负面后果。

　　世界各国银行民营化过程中,有很多经验教训值得吸取。第一条经验教训是,应当在政府金融监管与市场监督机制比较完善的基础上开放民营银行。俄罗斯在1991年前后采用"休克疗法"放开金融业,结果区域性民营银行的总数突然之间多了两万多家,其中多数是金融骗子,导致俄罗斯的金融、财税体系全面瘫痪,黑市交易、以物易物成为主要交易手段。目前,中国监管机构和市场机制对银行的监管力量都处于世界中游水平,而且,中国金融监管机构的快速应变能力、激励约束机制以及对民营银行的监管能力还不完善。因此,中国还不具备大规模开放民营银行的条件,可引进数目有限的民营银行,在路径选择上采取渐进模式,逐步放开银行业。

　　第二条经验教训是应逐步引入存款保险制度,逐步消除国家隐含担保,避免商业银行的道德风险。20世纪80年代末,墨西哥开始进行银行民营化改革。从1991年6月至1992年7月,18家国有商业银行被卖给金融集团,这些新的所有者主要是民营资本。到1992年8月,墨西哥政府总共批准建立了20家金融集团,其中15家集团拥有银行。1993年,政府又开始对新的国内进入者开放市场,截至1994年,墨西哥共有35家民营银行。与此相配套,墨西哥于1986年改革后制定并在1990年实施了存款保险制度,但是在实际操作过程中,国家实际上仍对银行风险承担全部责任,而商业银行承担的责任较少。这种制度最直接的后果就是造成商业银行的短期行为,不顾风险过度发放贷款或在国内外举借债务。1994年金融危机爆发后,政府为抢救商业银行,在四年中共投入了5 223亿比索。诚然,民营银行的发展需要建立完整有效的存款保险制度,但是如果民营银行未建立起自身独立的商业信誉,即使建立了存款保险制度,其可信赖程度也远远小于国家信誉,而且由此衍生出的"道德风险"问题将会给国家带来重大的安全隐患。

第三条经验教训是谨防特权介入或者让大企业操纵银行,防止新设银行财团化。印度尼西亚在20世纪80年代初鼓励民营银行发展,截至1997年,民营银行的市场占有率已经达到50%。但是,由于印尼政府在开放民营银行的过程中没有把好准入关,特权集团浑水摸鱼,有许多民营银行和非银行金融机构被控制在达官显贵、军方的手中。在金融风暴之前,这些金融机构大量超贷,迅速举债扩张,在股市和房地产市场上大发横财,成为制造印尼泡沫经济的罪魁祸首,并最终引发了金融危机。由此,我们可以看出,在开设民营银行时应当谨防新设银行财团化,杜绝政治势力等特权介入银行营运。

民营银行有一个普遍存在的倾向即产权的模糊化。模糊产权的表现是:尽管民营银行主要以产权相对清晰的民营资本为主,但是同时也在产权结构中加入了很大的政府股份(或政府拥有的国有企业的股份),另外在民营银行的内部治理结构中也使政府人员拥有了更大的控制与决策权。

产权模糊化和控制权的部分让渡是转型过程中特有的法律和行政环境下必然产生的现象。通过产权的模糊化和控制权的让渡,民营银行换取了国家的产权保护和"隐性保险",与国有银行一样具有了政府的背景,从而获得了现有体制下的安全感。让渡一部分控制权给政府以获得政府的信誉注资,为自身建立一种非显性的存款保险制度,这是很多发起民营银行的民营企业家的主要目的。

但是产权模糊化和控制权部分让渡只是一个暂时的较优的制度安排,从长远来看,其制度效率会慢慢降低,甚至会给民营银行带来较大的经营风险。政府对民营银行的过度介入会使得民营银行的信贷完全失去独立性,从而使得信贷质量和资产质量有可能下降。另外,控制权的部分让渡使得政府工作人员在很大程度上能够干预银行的决策层任命,使许多优秀的金融企业家将无法通过公平竞争和规范的选拔程序进入民营银行,银行家甄别和筛选的市场机制就会受到损害,不利于真正的银行家的产生,这是一个更为长远的损失。同时,政府给民营银行提供的隐性担保会使得民营银行的权利和义务失衡,从而加重民营银行的道德风险倾向。因此,尽管在短期内产权模糊化和控制权让渡不失为一个暂时性的较优制度安排,但是从长远来看,民营银行的产权清晰化应该是提高民营银行质量的必由之路。

增加银行收益渠道是化解银行危机的根本出路

李连发

信用和信贷的本质是基于对正向良性循环的信心,所有基于信用的金融产品和工具的组合有一个共性,就是供给不是由信用的价格唯一决定的。银行在其他的非传统的信用金融工具面前需要变得更加具有灵活性,需要更合理的金融工具设计。在更为广阔的视阈下,在混业经营条件下,未来的金融体系需要较好地达到以下目的:控制群体性的、系统性的银行危机;增加金融体系的效率和竞争力;有效地传导货币政策;促进企业的投资融资,帮助具有成长性的企业做大做强,同时保持整体的杠杆率处于合理的水平。

现代金融包括一切建立在信用基础上的金融工具和金融产品。金融风险的根源在于基于信用的融资行为,因而基于信用的融资链条就自然形成了金融风险的传导链条和机制。广泛的金融融资活动当中,银行是最核心的一个金融中介,在融资链条中处于核心的位置。一旦这个金融中介环节出现了信用危机,也会导致银行危机,继而通过分布广泛的信用网络,向全社会传导和溢出金融风险。

金融中介自身的资产负债在后金融自由化和市场化时期出现了不平衡的特征。一方随着人均收入的上升、中产阶级的出现,大量剩余资金需要通过金融中介获得收益,金融中介为了维持原有的市场份额,也希望能够保持原有的存款客户。随着金融自由化,银行与金融市场的竞争加剧,存款要求的收益越来越高,银行为保持原来较大的市场份额,需要使资产保持较高的收益。但现在问题恰恰出在这里,由于一些好企业到股票和债券市场去直接融资,银行现

金融改革：权衡轻重，一纸风行

在资产获得高收益的渠道越来越少，资产的质量在下降，资产不良率普遍上升。

银行没有较好的资产收益来源，那么银行就想办法通过在资产方面承担风险维持存款的市场份额。利率市场化（存款利率市场化）以后，欧美国家银行的做法是，银行会越来越削弱传统的银行账户（Banking Book）比重，即靠利息收入（净利息收入）维持的利润部分；转而增加交易账户（Trading Book）的份额，即为继续维持原有市场份额，将外汇交易、衍生品交易和结构性金融产品交易等作为银行盈利的增长点。但是，这种改变经营模式的风险也随之而来，这也是2008年金融危机的诱因之一。目前国际金融监管改革的方向是限制银行的自愿的经营方式，尽管在业务结构、产品结构和运营方式等方面一定程度上控制了银行的风险，但主要还是停留在表面层次，并未在银行的混业经营和金融产品创新、杠杆率以及自营业务等方面从根本上解决银行资产负债失衡的深层次问题。换言之，目前尚未找到金融机构的资产收益的合理来源，保证其稳健运营并走上良性循环的根本出路。如果没有把金融创新、金融风险以及金融监管的基本逻辑厘清，金融危机的出现在未来仍是在所难免的。

这就涉及对未来中国金融体系改革如何进行顶层设计的问题。2008年金融危机后，一种副作用就是中国在金融创新方面变得相对保守起来，谁也不敢大胆地设计和探索，不敢承担风险。其实，由于中国的金融体系与西方国家发展阶段不同、背景不同，银行体系完全没有必要照搬西方的老路，未来也完全可以重新设计。

我国经济发展阶段目前最大的特点是，企业成长性好、生产率提高较快、国内市场庞大、专业分工程度高。转型经济企业差异性较大。好的成熟的企业要借钱，新兴的成长中的企业更需要信用融资；这些企业一方面愿意支付成本，另一方面借钱当然希望降低举债的成本。西方的经济已经处于稳态，企业发展也处于相对稳定的状态，银行的经营方式也变得相对稳定甚至是保守，保守的说法来自银行在为差异性的企业提供金融服务方面，与非银行金融机构和金融市场相比，在服务的策略、力度和质量上都相对不足。

欧美的金融体系已经比较成熟,金融机构的市场定位、金融机构之间、金融机构与金融市场之间的分工已经比较成型,有些比较积极的融资服务也已经由一些新的非银行金融机构(比如,风险投资机构)所承担,这种金融服务体系和结构是欧美银行自20世纪80年代金融自由化以来银行与非银行金融机构、金融市场逐渐磨合出来的结果。在这一演变过程中,有许多西方特有的因素发挥了金融体制、文化和生态方面的作用,在变化进程中起到了关键的作用。欧美这种金融服务功能的分工、协作体系,一方面有其优势,值得我们借鉴其精髓;另一方面,比较成熟的欧美模式也限制了多样性发展的可能。

相对而言,转型经济国家在金融市场与金融机构分层定位不清晰、分工协作模式不明确的发展阶段,银行更有可能放开手脚,在未来新的金融分工协作体系中为差异性的企业提供对其更为有利的金融服务,改变传统银行资产风险与收益匹配结构缺乏竞争力的状况。

银行发展的出路,不在于用行政手段从股票市场、从非银行金融机构将客户拉回来,而是更好地利用大数据时代提供的技术、信息等方面的机遇,为核心企业客户提供更有附加值的金融服务。银行的核心企业客户理念是其业务良性发展、利润稳定的基础。

银行需要优先运用信贷杠杆,支持两种类型的核心客户企业:一种是在国内市场占有较大份额的企业,这种企业有比较稳定的国内市场的基础,具备较好的技术管理的储备,具备向更强、更高端的国际市场进军的潜在发展空间;另一种是在国际市场上已经初步具备了竞争能力、具有一定市场份额的企业,这类企业的竞争力在国际市场上已经得到了充分的体现,在发展和扩展的过程中,信贷支持可以让这些企业更快地占领较大的国际市场份额,更充分地与国际先进的生产力要素进行深入的结合。

通过这两类企业拉动产业链内其他企业,提高整个产业链的产品的质量、生产率、技术水平和管理水平。银行在用信贷方式支持这两类企业的同时,也有利于增加被这两类企业所辐射到的、所拉动的、具有潜在成长性的企业,后一类企业的融资需求也可以间接地得到更好的满足。这样,国内市场有了一批较好的企业,也就稳定了;国际市场有了一批较强的企业,就更加具有竞争力;银行资产方的客户就会给银行带来较高的稳定的收益,由此银行的负债客户也有了一个稳定的比较乐观的收益预期。银行有了较为稳健的赢利和经营模式,就不会群体性、系统性地去承担过高的风险,这样,就消除了一个银行危机的系统性根源。

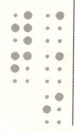

融资难问题须理性看待

李连发

融资难问题是当前社会上热议的一个话题。融资难问题是否完全是一个金融问题？能否仅仅从资金的供给方，即金融机构的角度看待此问题，得出应放松融资阀门、多建立些金融机构、增加更多的资金供给和放松融资条件的方法？

更为理性和全面地分析这一问题，特别是从资金的需求方，即急需进行外部融资的非金融企业，来探究和深入分析其诉求背后的体制机制问题，融资难问题可能本身更多地折射出的是实体经济进行结构调整的紧迫性问题，折射出的是实体经济是否充满机会的问题。这些问题越突出，越反映出一个经济体的竞争力有问题。

在一个灵活调整的、充满机会的经济环境中，融资难问题本身是一个中性的命题。根据瓦尔拉斯均衡理论，企业和消费者这些支出主体都受到预算的约束，不能无限度地获得外部资源。但只要在生产和交易过程中的剩余被充分开发和利用，预算约束并不妨碍资源配置达到最有效率的状态。企业融资约束便是预算约束的一种情况。企业融资困难是否对投资和产出造成负面影响，关键不在于这种外部融资约束本身，而是在于企业能否通过短期内更多地开发和利用生产和交易过程中的剩余，即创造出更大的利润，并通过利润再投资这种内源融资方式来弥补外源融资的不足，从而实现资源的最优配置。

在主营业务上，非金融企业对外部融资的依赖程度越高，可能越说明企业开发和利用其主营业务方面机会的能力越不强，也可能反映出企业的竞争力越低下。如果一个经济体中，非金融企业普遍存在外部融资依赖程度较大的现象，则说明该经济体的长期竞争力不够强。

综观世界经济形势,美国、欧洲和日本等发达经济体都出现依赖金融、依赖政府大规模购买金融资产的现象,这反映了这些经济体内在的、深刻的经济调整压力。

我国企业对金融的依赖程度正在日益增加,企业杠杆率已经达到历史较高水平。面对发达国家不乐观的经济形势,我国企业不能依靠提高杠杆率来换取调整的时间;而是迫切需要改变一些企业竞争力不强的状况。相对采取宽松的信贷政策而言,以消除企业发展障碍为目的的经济体制改革是更为必要的,而且是紧迫的。

货币和实体经济规模快速扩张的结果之一是产能过剩、能源资源的超负荷运转以及生产者价格指数(PPI)连续30多个月的负增长。如果银行贷款继续发放给那些盲目扩大产能、依赖低技术和低价薄利多销的低效率企业,并可能造成新一轮产能过剩的话,那么当下的融资难问题可能反而倒是一件好事。至少说明银行在甄别企业优劣的能力方面有所提高,并倒逼企业积极开发自主创新,依赖自身主业利润的提高来谋求长期发展。在没有危机、困境和压力的环境中,谁也没有动力主动进行改革。我国实体经济结构调整也会更加路漫漫其修远兮。

对于融资难问题的关注度和宣传引导应回归到理性的轨道上。长期以来,我国有相当一批企业不是依靠内部创新和提高产品附加值的根本途径来做大作强,而是主要依赖外部融资的借新还旧来低水平重复建设和维系生存,背后折射的问题就是政府隐性担保和刚性兑付始终存在。长此以往,道德风险问题很大。

十八届三中全会明确提出,要让市场发挥决定性作用。在这"三期叠加"的特殊时期,要保持定力,应相信企业家的智慧和能力,否则不仅可能打消企业自身创新和改革的动力,而且会造成新的扭曲,不利于经济结构调整大局的实现。

总之,关键不是解决中小企业的融资难,降低融资成本,而是消除体制机制中阻碍企业家发挥才能的各种障碍,消除各种机会得到利用的障碍。融资难并不完全是一个金融问题,需理性看待和客观分析。

利率改革
——行百里者半九十

宋芳秀

2015年3月1日,中国人民银行在下调金融机构人民币贷款和存款基准利率的同时,宣布扩大金融机构存款利率的浮动区间上限,即由存款基准利率的1.2倍调整至1.3倍。这项举措标志着利率市场化改革又向前迈进了一步。

有观点认为,当前利率改革只剩下了最后一公里,或者说只剩了"最后一跃",利率改革胜利在望,待存款利率完全放开之后,利率改革将大功告成。事实上,这一说法未免过于乐观。不管是从改革的特征还是从改革的目标来看,利率改革都任重道远。

首先,从利率改革的特征来看,存款利率的放开是最难迈的一步,也是经过实践证明的利率改革过程中最难啃的骨头。从美国的情况来看,尽管美国有较为完备的制度环境和适应能力较强的金融机构,但其存款利率市场化的过程仍经历了漫长的16年。1970年6月,美国开始放松对大额可转让存单(CD)的管制;1980年3月正式颁布法律,分6年逐步取消对定期存款利率上限的管制,即取消Q条例;1986年4月,取消了储蓄账户的利率上限,这标志着美国利率市场化改革的完成。即使美国在放开存款利率管制时不可谓不谨慎,利率市场化之后也仍出现了处于竞争劣势的小银行纷纷倒闭的局面,1987—1991年,美国平均每年倒闭的银行高达200家。

和美国相比,中国的存款利率市场化具有两个不利因素:一方面,中国的制度环境尚不完善,尚缺少保护存款人利益的存款保险制度,银行的定价能力和风险管理能力也不尽如人意;另一方面,中国的利率市场化改革正好赶上了互联网时代,互联网金融的发展,如互联网货币基金的兴起使银行在存款业务上面临更为严峻的挑战,也在一定范围内形成了存款利率的自由化,这也推动人民银行加快了放开存款利率的步伐。以上两个因素决定了我国存款利率市场化改革的风险更大,步伐更快,任务更为艰巨。

其次,从利率改革的目标来看,利率市场化的目的是最终实现利率在资金配置中的基础性作用。政府放松对利率水平的直接管制,无疑是利率市场化改革的重要内容,也是发挥利率作用的重要前提和必要条件;但利率管制的放开并不是利率起到优化资金配置作用的充分条件。利率改革之难在于它从来不是一项独立的改革,而是复杂系统工程中的重要一环。只有配套工程全部到位,利率才能真正地在资金配置中起到基础性作用。

具体来说,利率市场化改革的配套工程主要包含以下几个方面:

第一,货币政策层面的配套工程。利率改革要求中央银行培育基准利率,健全利率调控框架,理顺利率传导机制,在条件具备时将调控手段从数量型调控转变为价格型调控,将货币政策的中介目标从货币供应量转为利率。目前我国的利率体系中尚没有完美的"利率锚",利率传导机制也不够畅通,因此尚不具备使用利率中间目标的条件。人民银行最近几年在货币政策工具方面进行了一系列创新,如推出了公开市场短期流动性调节工具(SLO)和常备借贷便利(SLF)两项短端利率调控工具和抵押补充贷款(PSL)这一中长期利率调控工具。但是,当前这些工具的运行机制仍然不够完善,使用时应注意避免中央银行的操作反而造成利率双轨和资金分配不公平的局面。

第二,金融监管层面的配套工程。一方面,监管当局要重点考虑中小金融机构对利率市场化特别是对存款利率管制放开的承受能力,建立和完善存款保险制度,有效保障金融机构的有序竞争、平稳运营和宏观金融体系的安全性。另一方面,监管当局还应致力于提高监管水平,改进监管方式,为商业银行的发展提供优良的制度环境,消除金融垄断和金融抑制。当前银行的"加成率"和利润率过高现象,是和政策造就的银行的垄断地位及议价能力分不开的；各种通道业务和影子银行业务的兴起,是资金供给方规避存贷比和信贷规模等方面监管措施而产生的金融创新,这些业务使资金的供给链条不断延长,增大了企业的融资成本,使利率不能反映资金的真实供求,也无法起到优化资源配置的作用。

第三,提高微观主体资金需求利率弹性的配套工程。资金需求缺乏利率弹性的微观主体主要是出于以下三种情形:一是偏离利润最大化目标的微观主体,如地方融资平台,政府主导的投资项目,它们对资金的成本不敏感;二是利润率远超资金成本的企业,如房价上升周期中的房地产企业;三是资金周转出现困难或者融资难的企业,如中小微企业和近年来部分处于困境的房地产企业,对它们来讲,资金的可得性远比资金成本重要。前两类尤其是第一类企业的行为带来的危害重大,它推高了企业的融资成本,加剧了企业融资难和融资贵的问题,更严重的是,它阻碍了利率作用机制的发挥,是导致利率传导机制不畅的重要因素,也是形成经济和金融运行中一些"痼疾"如资金配置缺乏效率、"投资饥渴症"等的根本原因。如果这一层面的问题不能得到解决,利率的放开也是形同虚设。

因此,尽管当前贷款利率已经完全放开,存款利率已经在一定程度上放开,这并不意味着我们可以乐观地认为利率改革全程已过大半。利率改革任务艰巨,可谓是行百里者半九十。要打好存款利率市场化这一场攻坚战,必须要做到改进货币调控和金融监管手段、建立健全存款保险制度、改变银行业的准入政策和结构、消除微观主体的利率软约束等各方面措施齐头并进,其中改变政府职能,消除政府在资金配置过程中的行政性干预则是最重要也是最艰巨的一项任务。唯有各项配套工程完工,利率作用机制和资金的配置机制才能理顺,利率改革才能达到预期的目标,经济中的诸多顽疾如融资难、融资贵、资金分配不公等才能迎刃而解。

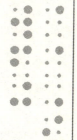

互联网金融创新发展,重在防范和规避信用风险

杜丽群

近年来,随着我国经济发展进入稳增长、调结构的新常态,金融创新步伐不断加快,作为一种新兴金融业态的互联网金融发展十分迅速。互联网金融之所以发展如此迅速,除了监管空白这一制度性因素外,还得益于技术发展和庞大的金融服务需求。互联网金融作为金融创新的一种模式,一方面通过融资渠道的创新对缓解小微企业贷款难的问题、填补正规金融服务的空缺起到了重要作用;另一方面对创新金融服务方式、降低我国金融服务总体运营成本、提高服务效率,以及实现金融服务的跨区域提供和金融包容性的发展起到了不可替代的积极作用。然而,令我们担心的是,随着我国互联网金融的迅猛发展,违约率高、网贷平台携款跑路、网络欺诈、无监管门槛等信用风险问题也日益凸显。因此,防范和规避互联网金融信用风险对规范互联网金融的发展,对我国普惠金融的稳定健康发展具有十分重要的现实意义。

与其他所有金融创新活动一样,互联网金融带来效益的同时也伴随着风险。互联网金融领域的部分业务之所以频发风险,除了因为相关针对性监管措施缺位以外,还因为缺少金融消费者权益保护方面的法律法规、消费者信息安全和风险管控没有保障、企业自律意识不强、失信成本太低、征信制度尚未建立起来等方面的问题。因此,及时采取措施有效解决这些问题,是保障我国互联网金融健康、良性、持续发展的需要。

一、加快建立统一的征信系统

成熟的征信系统对整个金融行业甚至实体行业的风险控制、健康发展都有着重要意义。支撑金融发展的根本要素即为"信用",因此完善征信体系的建设、利用大数据分析和云计算等技术对信用筛选机制的建立也有重要意义。目前,我国互联网企业的数据积累是各自独立完成的,与中国人民银行征信系统的信用记录也是相互隔离、独立开发的。为了进一步提高金融市场资金配置效率,有必要建立一个统一的、详尽的综合性征信体系。同时,中国人民银行可以提供的征信记录范围仍然有限,未能覆盖众多小微企业以及个人。而互联网金融机构拥有众多小微企业和网络个人用户的行为数据,常年的用户信用积累是其发展壮大的核心支撑力量,目前比较难以与其他机构实现信息互通共享。

因此,我认为,需要由监管机构征信部门牵头,鼓励企业信用数据分享。一是将正规行政部门登记的个人纳税、交通违章、房屋租赁、水电费用缴纳、电话网络登记、司法判决等方面的记录纳入个人信用系统中,编制成《个人信用报告》。二是将企业在工商部门的工商信息,在税务部门的纳税信息,在司法部门的诉讼记录等也一并纳入企业信用系统中,编制成《企业信用报告》。然后,将传统金融机构和新兴互联网金融机构各自拥有的信息逐步地、有条件地纳入征信系统之中,与已有信息数据库形成有效的联动,帮助完善征信系统的建立。

征信体系的健全和完善能够提高互联网金融风险管理水平、提高资源配置效率、对促进互联网金融市场的健康发展具有关键作用。目前,互联网金融存在门槛低、监管缺位等问题,对于个人或组织的信用信息,互联网金融平台之间仍存在"信息孤岛"现象,容易发生信用诈骗等违法行为。借鉴美国互联网金融业务是以信用为基础的经验做法,为了有效控制我国互联网金融避免系统性风险,必须建立覆盖全国、全行业的互联网金融征信系统,同时把互联网金融征信系统全面接入央行征信平台,建立金融机构、互联网金融以及央行信用信息的交换和共享机制。避免小微企业、个人的重复融资行为,保障互联网金融创新活动有序开展。

二、加快构建有效的监管体系

监管的目的是提高信息透明度并减少灰色地带,使用负面清单原则,增强市场良性竞争是市场趋于成熟的条件之一。目前最大的难题就是如何对互联网金融进行监管。我建议,建立并完善具有开放性、包容性和有效性的监管体系,通过构建包括市场自律、有关法律法规以及主管部门恰当、有效的监管,可以促进互联网金融健康良性发展。

第一,要加快制定互联网金融法律制度,如加快建立并完善针对P2P网络借贷行业、第三方支付机构、众筹融资等互联网金融监管的法律法规,从源头上提高互联网金融企业的准入门槛,以金融消费者权益保障作为立法与监管的基本宗旨,突破权力主导和机构监管的传统思维,明确金融监管者的主要任务是平衡互联网金融经营者和金融消费者的权利与义务。

第二,应成立专门的互联网金融消费者保护机构,及时协调和处理互联网金融服务投诉、纠纷等问题,制定惩处办法,保护消费者权益。消费者由于信息不对称等因素,在金融产品交易中处于弱势地位,而在现行法律规则内,消费者一旦权利受损,往往求助无门,因此对金融消费者权益保护的力度要进一步加强。

第三,应制定专项针对互联网金融犯罪相适应的法律,将个人数据信息作为财产权而非隐私权进行保护,使受害人可以获得更多的财产性赔偿;建立互联网金融投资者投诉受理渠道,切实提高受害人通过司法保护个人信息的动力和能力,对恶意欺诈行为进行严惩。

但是,必须注意的是,由于互联网自身负外部性有限和发展周期较短,没有必要借用监管传统商业银行的模式,可以倡导行业自律监管,适时推进立法进程以及政府指导等综合性监管模式,即以"一行三会"(中国人民银行、证监会、保监会、银监会)为主,以科技部、商务部、工商行政管理总局等多部门为辅的联合监管体系,对互联网金融业务实行全面的监控。同时,要逐步由分业监管转向混业监管,避免出现政出多门或监管真空等问题。采取综合性监管模式将有利于促进互联网金融健康、持续发展。

三、提高互联网金融安全技术,确保信息的准确性和真实性

第一,应基于银行领域成熟的网络身份认证体系,进一步完善互联网金融认证体系,建立安全可信的网站认证体系,保证网站真实性。第二,要大力发展具有自主知识产权的信息技术设备,提高计算机系统关键技术的水平和关键设备的安全防御能力,以防止客户资料被窃取、客户资金被盗用及来自网络内外部的恶意攻击等事件发生。第三,应采用安全监测及安全控件等方式保证互联网金融交易平稳进行,并在开展互联网金融业务时引入电子认证和签名技术,保证参与各方信息的真实性。

四、加强信用评级,建立信用惩戒机制

信用评级是解决金融市场信息不对称问题的重要途径之一,既可为金融产品的市场定价提供重要的参考依据,又可为投资者和监管部门根据评级公司的报告制定投资和监管策略提供可靠的决策依据。因此,为了降低互联网金融的信用风险指数,建立科学有效的信用评级制度是非常必要的。通过信用评级制度,客户可以全面了解互联网金融企业的经营状况和服务水平,从而对它的服务质量做出合理的分析和恰当的判断,以促使它不断改善经营管理,提高自己的资信级别。

在惩戒措施方面,主要有以下四个方面:一是行政监管性的约束和惩戒。建立互联网金融行业黑名单制度和市场退出机制。二是市场化的惩戒和约

束。针对互联网金融行业的特殊性，制定信用基准的评价指标体系和评价方法，完善失信信用记录和披露制度，使失信者在市场交易中受到约束和限制。三是行业性的约束和惩戒。加快建立互联网金融行业协会，通过制定行业自律规则并监督会员遵守，对违规失信者，按照情节轻重，实行行业内警告、通报批评、公开谴责等惩戒措施。四是社会性的约束和惩戒。完善社会舆论监督机制，加强对失信行为的披露和曝光，通过社会道德谴责形成震慑力，约束企业与个人的失信行为。

五、加强信用保障制度建设

信用保障制度的建立可以为互联网金融提供信用保证，该制度便利小微企业融资，为小微企业健康发展提供有效的制度保障。广义的信用包括信任、信誉、诚信等，它是处理人际关系的一种普遍的道德准则。在金融领域，信用则是一种贷款行为，是一种以偿还为条件的商品或货币的让渡形式。在互联网金融业务中，众多主体在互联网交易平台进行线上交易，这种模式更是需要建立在交易主体信用保障基础之上。一方面，与传统银行注重有形资产抵押、财务报表等"硬信息"不同，借助大数据处理技术的互联网金融更加关心难以定量化获得的"软信息"，比如个人的水、电、气等交费情况，而这些"软信息"更加真实地反映了一个人的信用情况，并且通过互联网技术获得这些信息的成本相对较低，在一定程度上保障了互联网金融活动的开展。另一方面，基于云计算的大数据挖掘技术，可以在大量的非结构化的信息资料中，挖掘出预测欺诈风险和信用风险的信息，从而保障金融活动有序进行。

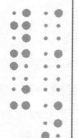

全球保险监管变革浪潮中的中国偿二代"第0年"

姚奕

自2012年4月,中国风险导向的偿付能力体系(China Risk Oriented Solvency System,C-ROSS,简称"偿二代")正式启动第一批次6个项目开始,在短短不到3年的时间里,保监会完成了多个子项目的调研评估,并于今年1月审议通过了包括17项监管规则在内的偿二代主干技术标准,这意味着中国保险行业进入了偿二代的实施准备期。2015年打上了偿二代"第0年"的标记。在发令枪即将响起的一刻,整个保险行业也在积极应对监管的重大变革,以争取竞争中的优势地位。因而,及时了解偿二代推出背后的国际保险监管变革背景,厘清偿二代的框架,抓住变革带来的机遇,也成为提上保险业界日程表的迫切任务之一。

众所周知,2008年全球金融危机重塑了这一行业的国际监管框架。在昂贵的一课后,各国普遍认识到全球系统性金融风险的真实性和联合监管的必要性,从而引发了金融领域国际监管的一轮大动作。银行业出台了巴塞尔协议Ⅲ,而在保险领域,国际保险监督官协会(IAIS)也在2011年出台了新的26项核心监管原则(ICPs),开始调研制定统一的国际保险集团监管共同框架。归结起来,各国对于偿付能力监管的基本理念达成了一些基本共识。第一,应建立以风险为导向的偿付能力监管;第二,对于资产负债的评估逐渐从预警型评估向价值型评估转变;第三,建立三支柱的监管框架,同时考虑定性与定量指标;第四,注重保险公司的集团监管;第五,实行宏观审慎监管,并着重把握系统重要性机构。IAIS正在积极推动对全球系统重要性保险机构和国际活跃保险集团进行统一监管。

但是,在具体的监管改革方案上,各个国家和地区分别根据自己的行业发展情况制订了不同的方案。一方面,欧盟始终紧锣密鼓地推进第二代偿付能力监管框架改革,而另一方面,美国保险监督官协会(NAIC)也提出了偿付能力现代化工程(SMI)的提案。此时,中国也早已认识到偿一代监管体系存在着资产负债评估与公司实际风险状况并不同步、过于侧重定量监管而定性监管缺位等种种不足,为了在国际重大规则的制定过程中发出声音、占据主动,为了让中国保险业在全球的地位与世界第二大经济体的地位相匹配,我国在借鉴欧美两个不同监管模式的基础之上,开始积极搭建中国风险导向的偿付能力体系,即第二代偿付能力监管制度。

偿二代的主要特点在其正式名称中体现得十分明确,即以风险为导向。它主要体现为放开前端,减少直接针对费率、条款、投资等种种具体行为的监管,转为针对后端,即保险公司偿付能力和消费者权益保护的监管。在放开前端,尤其是产品定价费率改革方面,保监会已经在前两年陆续启动了对于传统寿险和万能险的费率改革,对于分红险和商业车险费率改革也紧锣密鼓地即将展开。

我国偿二代采用了和欧盟偿付能力Ⅱ类似的三支柱框架。第一支柱主要关注定量资本要求。它主要盯紧保险公司包括保险业务风险、信用风险和市场风险等在内的可量化的风险点,通过提出量化资本要求,进行实际资本评估、资本分级、压力测试等种种方式进行细致监管,计算出综合偿付能力充足率和核心偿付能力充足率两个关键指标。第二支柱主要是定性监管要求,也就是关注包括操作风险、战略风险、声誉风险、流动性风险等在内的难以量化的风险点,通过风险综合评级、风险管理要求与评估、实地检查与数据分析结合等方式进行进一步监管,得出企业的风险综合评级这一核心监管指标,并控制风险得分。风险综合评级实际上是结合了可定量风险与不可定量风险之后得出的综合判断,共分A、B、C、D四类。保险公司的最低资本与风险管理能力评分直接相关,激发企业自发进行风险管理的积极性。第三支柱更多地着眼于市场约束机制,旨在发动更多的利益相关方,通过多种形式来把关以往难以监管的风险点。在这一环节,保险公司需要进行定期的公司信息以及监管信息披露,结合公司的信用评级,形成市场对于企业的综合评价,敦促企业进行全面风险管理。在三支柱中,第一支柱的监管规则相对更加复杂,包含了9项监管规则,而第二、第三支柱分别对应了3项监管规则。经过定量的内部测试,偿二代监管规则之下,行业整体的偿付能力充足率水平并不会发生剧烈变化,但是各公司层面的区分度更高,有助于根据企业真实的风险水平实施正确的激励和惩戒。

美国的保险监管是在州监管体系之上搭建了包括美联储、金融稳定监管理事会(FSOC)、联邦保险办公室(FIO)、消费者金融保护局、证券交易委员会和联邦应急管理局(FEMA)等多个联邦机构在内的纷繁的监管体系。56个行政区划单位在企业偿付能力、市场规范、营业执照审批、保证金提取以及次级风险市场机制方面都有不同的规定。这一复杂的监管体系的形成有其历史原因,并且在一定程度上对美国保险公司的竞争力产生了负面影响。

欧盟的偿付能力Ⅱ改革早在20世纪90年代就开始酝酿,改革指挥部由欧洲议会、欧盟委员会以及欧洲保险和职业年金协会于2007年组成,协同推动对欧盟的保险监管进行改革。在这一漫长过程中,虽然建立了被国际普遍接受的三支柱原则,并提出了通过标准模型进行压力测试等核心方法,但改革的推行遇到颇多阻力,历经波折,实施时间表一再推后。目前预计将于2016年开始正式实施。

我国的偿二代并没有照搬美国或者欧盟的模式,而是根据国情提出了自己的设想,在较短的时间内完成了细化的改革方案。偿二代的推行可以从根本上助力保险业的市场化改革,促进行业发展方式的转型,促使保险企业回归控制风险,提高保险业参与国际规则制定的话语权。

长远看来,想实现各国保险业监管与国际标准接轨,达成统一化仍然任重道远。虽然国际保险监督官协会、金融稳定理事会在协调监管方面付出了诸多努力,提出建立共同框架的设想,并出台了核心监管原则,此外,也举办了多次论坛促进各国之间的交流与谈判,而美国和欧盟作为两个主要发达经济体,彼此也就集团监管、保密条款、资本偿付能力、再保险、财务报告制度以及独立第三方评估等方面进行了多次对话,对欧盟—美国保险贸易协议进行磋商,但这些努力距达成乃至推行全球统一的监管框架仍有很大距离。即便各国内部达成了统一监管框架,在内部之间仍然存在差异与割裂,容易造成监管碎片化。包括欧盟各成员国之间,以及美国各州之间的监管政策依旧难以完全统一,愈发加大了系统的复杂性。此外,各国在两代监管框架之间过渡的时间漫长,进一步造成保险公司合规成本提升。由于欧盟第二代偿付能力体系迟迟不能付诸实施,时间表一拖再拖,保险公司一方面要符合目前的监管要求,一方面又要为即将推出的第二代体系进行准备,造成管理的混乱和成本的上升。

在国际监管改革浪潮纷繁激烈、晦暗不明的背景之下,我国偿二代的适时推出与实施不失为一个亮点,也是在国际舞台建立中国道路制度自信的体现。

存款保险：政府以退为进，市场转守为攻

姚 奕

2014年11月30日,中国人民银行向社会公开发布了《存款保险条例(征求意见稿)》(以下简称《征求意见稿》)及其说明全文,并欢迎公众在12月30日之前通过多个渠道各抒己见。笔者借此机会,结合国际经验与我国保险业的发展改革契机,浅析这一制度的优越性与后续挑战。

十八届三中全会首次提出了"让市场在资源配置中发挥决定性作用"这一纲领性原则。在这一思路指导下,中国的保险业也迎来了新的发展机遇。存款保险的制度设计正是在这一背景之下应运而生。

《征求意见稿》中明确指出:"存款保险,是指投保机构向存款保险基金管理机构交纳保费,形成存款保险基金,存款保险基金管理机构依照本条例的规定向存款人偿付被保险存款,并采取必要措施维护存款以及存款保险基金安全的制度。"

而在这一概念被明确摆上台面讨论之前,隐性的存款保险制度实际上早已根植于百姓心中。百姓普遍认为存在银行里的钱是安全的,银行一旦出事,政府会负责到底。这一信念的根源正是来自政府作为所导致的预期培养。当银行出现危机时,政府往往通过注资或其他形式进行救助,对存款人变相提供全额的存款保护,以国家信用为银行提供隐性担保。这一保护范围甚至不仅仅局限于银行的存款业务,还拓展到保险企业、企业债券,甚至信托等非传统金融领域,导致市场的退出机制在政府行政力量的干预之下失灵,政府越界为金融机构、企业的冒险行为买单。这样的隐性制度安排导致了至少以下三个方面的不公平问题。

首先,隐性的制度兜底和政府买单行为造成居民之间的不公平问题。银行应当支付的代价转由纳税人承担,这显然是不公平的。进一步地,所有纳税人为有银行储蓄的小部分人支付了成本,这相当于补贴富人,与收入再分配的公平原则相悖。其次,隐性制度带来了金融机构之间的不公平问题。政府在进行制度补贴时更倾向于国有银行和大型银行,而中小型银行和民营银行则处于不利地位,这也造成资源分配方面的不均衡。最后,隐性制度安排还会带来"好银行"与"差银行"之间的不公平。这一制度导致银行缺乏动力进行风险管控,变相鼓励银行通过高风险的行为获得更高的隐性补贴。

通过建立显性的、正式的存款保险制度,以上三个方面的不公平现象当得以扭转。这也解释了为何显性存款保险制度在国际上获得了广泛的认可。据统计,截止到2011年,共有110多个国家和地区建立了显性存款保险制度。在这些国家中,日本经历了一个制度从无到有、保障从高到低的发展过程。这一历程变迁对我国的制度设计具有一定借鉴意义。

早在1957年,日本政府就意识到维护金融稳定对于国家经济安全和社会稳定具有重大意义,提出建立存款保险制度的基金法案。1971年,日本国会正式公布了《存款保险法》,并设立了日本存款保险公司。这一制度经过动态发展,不断完善。随着20世纪80年代后期日本泡沫经济的崩塌,破产金融机构数量上升,日本存款保险公司发挥了越来越大的作用,并被赋予了包括对倒闭机构进行购并在内的更多的权力与职能。但是,从2002年开始,日本正式决定解除临时性银行全额存款保险制度,也就是说,日本的银行倒闭后,政府不再对储户的存款承担全额保障的义务。此举的意义也是在于推动储户主动对于金融机构进行鉴别,由市场决定金融机构的优胜劣汰,改良整个金融体系的效率和安全性。

我国的存款保险制度尚处于讨论阶段,笔者认为在制度设计上存在着三项主要挑战。首先,《征求意见稿》中提出:"存款保险费率由基准费率和风险差别费率构成。费率标准由存款保险基金管理机构根据经济金融发展状况、存款结构情况以及存款保险基金的累积水平等因素制定和调整,报国务院批准后执行。各投保机构的适用费率,由存款保险基金管理机构根据投保机构的经营管理状况和风险状况等因素确定。"但其中对于关键性的风险差别费率如何计算尚不明确。风险差别费率是促使银行改善风险管控能力的重要市场调节手段,只有当存款保险机构能够依据每个银行的风险程度准确定价时,才能更好地激励和约束银行的行为。其次,存款保险机构需要发挥金融风险监督防范功能,并具有发布早期纠正措施和风险处置措施的权限。这一权限是建立在信息及时披露,数据得以精准分析并能够获得风险定价的基础之上的。此外,还需要明确存款保险机构与其他监管机构之间的权责界限划分。最后,存款保险制度的建立应当量力而行。《征求意见稿》中将最高偿付限额设定为50万元。根据中国人民银行以2013年年底的数据进行的测算,这一限额覆盖了99.63%的存款人的全部存款。而日本的经验也表明,全额保险并非可持续的制度安排,应该根据经济发展对于限额进行动态调整。

　　政府与市场的关系是经济学中经久不衰的命题。在近来一系列与保险业相关的改革举措中,都体现了政府以退为进、隐居幕后、由市场作主的思路。在健康保险领域中,大病保险交由商业保险机构运作承保只是一个起点。11月17日,国务院办公厅发布了《关于加快发展商业健康保险的若干意见》,以此为契机,不排除日后由商业保险承保基本医疗的可能性。甚至可能会由商业保险公司设计和推出综合健康保障计划,再度加速助推健康保险的市场化进程。在财产险领域,巨灾保险的讨论也在如火如荼地进行。显性存款保险制度的建立是这一思路在银行业的实施与体现,它有利于银行业风险管控的进一步规范化,也有利于促进银行业的公平竞争。只有政府放手,以退为进,才能让市场这双"看不见的手"转守为攻,发挥其决定性的作用。

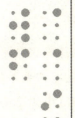

中国何以成为"不精明的债主"?
——原因及政策建议

陈 仪

考察中国近十几年的资本流出、流入情况可以发现两个有趣且多少让人感到困惑的现象。第一个现象是中国是一个资本净输出国,也就是说,虽然中国每年引进了大量资本,主要表现为源源不断的外商对华直接投资,但资本流出得更多,重点体现为央行每年新增的外汇储备。根据外管局公布的数据,2013年全年外商对华直接投资净增2 582亿美元,而外汇储备则净增4 327亿美元(2014年全年的正式数据目前尚未正式公布)。2001—2013年,除了2012年外,后者均高于前者,两者之差在次贷危机前后达到约3 000亿美元的历史高点。这一现象乍看起来确实让人费解,如果中国像通常认为的那样是一个资本相对稀缺的经济体,为什么还要大量输出资本呢?换句话说,作为"穷国"的中国为什么还要充当"债主"呢?

第二个现象与投资收益有关。众所周知,外商对华直接投资的回报率相当可观,一年多以前国内媒体热炒的"星巴克暴利"事件即是明证;而另一方面,中国央行所持外储资产的主要组成部分却是以美国国债为代表的低风险资产,低风险即意味着低回报。根据IMF专家的测算,近年来中国对外债务与对外债权的回报率之差一直维持在4个百分点左右,与之相应的是中国作为对外净债权国的投资净回报十分有限,在部分年份里甚至是负数。在某种意义上,这就好比中国人把钱借给外国人,赚取一点微薄的利息,却让人家拿着借来的钱到中国投资来赚取"星巴克暴利"。也就是说,中国不仅是个"债主",还像个"不精明的债主"。这又是为什么呢?

在笔者看来，上述现象均有一定的必然性与合理性，但也并非完全不可改变。第一，一系列结构性因素（人口因素、金融市场欠发达、社保体系不健全、住房刚需、收入分配差距过大、资源过多地集中于国有部门等）决定了中国是一个高储蓄经济体，虽然中国的投资率常年冠绝全球，但仍明显低于储蓄率，不仅近十几年里如此，在可预见的未来恐怕仍将如此，只要上述结构性因素不发生大的变化。储蓄高于投资——亦即收入大于支出——意味着中国必然是一个经常账户顺差国，从而中国对外净输出资本就不难理解了（在核算意义上，一国没花出去的每一分收入最终都会被用来购买外国资产）。

第二，资本稀缺国真的就不该输出资本吗？这一观点背后的逻辑是资本具有逐利性，而资本稀缺国的投资回报率更高，因此资本应该从资本丰裕国（如美国）流向资本稀缺国（如中国）而不是相反。上述观点其实不无值得商榷之处。首先是不全面，因为资本流动的目的不只是逐利，还可能是避险，换言之回报率的差异并不是资本流向的唯一决定因素。如果仅以逐利为目的，谁会把钱存在银行里吃点小利息呢？（更不用说藏在床下了。）所以上述理论至多只能解释逐利性的资本流动（如直接投资）却难以解释避险性的资本流动（如各国央行购买他国国债）；而中国恰恰是一个逐利性资本的净输入国和避险性资本的净输出国。其次即使我们只考虑资本的逐利性流动，上述观点也不尽准确，因为资本的相对稀缺程度并不是投资回报率的唯一决定因素。中国因资本相对稀缺、环境破坏成本低、市场规模大等因素而投资回报率高。美国因技术先进、资源丰富、市场庞大等因素而投资回报率高。中美两国的投资回报率无法在整体上进行简单的比较。美国对中国的直接投资集中在劳动密集型行业、环境破坏性行业和消费品行业（这些行业并不互斥），最近的例子是好时（HERSHEY'S）收购金丝猴，这准确地体现了资本的逐利性。与此相似的是联想收购ThinkPad和Motorola、华为（试图）收购3Com等；如果中国完全开放资本项目，不难想象美国的IT、金融、影视、能源等行业的资产将受到中国民间投资者的热捧，这些不都是奔着利润去的资本稀缺国对外资本输出吗？

第三，中国借钱给美国让其赚取超额利润也具有一定的合理性。我们先想想为什么现实生活中家庭储蓄大量被存入银行而不是用来购买股票,为什么老百姓宁愿赚小钱而让银行赚大钱(体现为贷存款利率之差),为什么我们宁可相信银行信贷部主任的投资眼光而不是自己的投资眼光。更本质的问题是,世界上为什么存在间接金融?一个重要的原因是与普通投资者相比,以银行为代表的金融中介机构更善于识别好的投资项目和控制风险,或者更有能力节约交易成本。它们的钱不是白赚的,它们的确为老百姓提供了后者所需要的某种服务,从全局看它们确实起到了更有效的配置资源的作用:将资金从供给方转移至最应该获得资金的需求方。不同金融机构提供的中介服务的质量通常是有差异的,在一个竞争性市场上,老百姓一定会选择一家最好的银行。在某种意义上,美国就是市场上那家最好的银行,其他国家的老百姓选择把钱借给它(购买美国国债)再由它决定投什么项目(美国对他国直接投资)。美国借钱的成本很低,而它投资的收益很高,它之所以能赚这个差额回报在一定程度上确实是因为它能提供最好的间接金融服务,或者它在"拿钱生钱"这件技术活上本事最大。

第四,当然,上述这一因素的重要性绝不能被夸大。事实上,中国的对外投资净回报率之所以偏低还有一个重要(或许更重要)的政策性原因——资本账户未完全开放。由于私人部门无法自由跨境配置资产,贸易顺差挣来的外汇只能出售给央行形成后者的外汇储备。对央行来说,对外投资安全与否比回报高低更重要,因此央行的合理选择是购买美国国债以及其他安全资产。一旦中国完全开放资本项目,中国仍会是资本净输出国,但资本输出结构会发生很大变化:私人部门会在外国银行里存一点钱、买一点外国企业的股票、对外直接投资更会大幅上升,这些投资的回报率在不同程度上均高于购买美国国债的回报率,中国对外投资净回报率偏低的现状将因此得到显著改善。

挣来的钱不花完(对外净输出资本过多)、存下来的钱又生不了多少利(对外投资净收益过低)当然可能意味着福利上的损失,这为政策发挥作用留出了空间。如果仅以降低这一福利损失为目标,一方面,中国的总需求结构应得到"改善",即扩大内需在总需求中的比重,尤其应致力于削弱抑制消费的各种结构性因素。具体的政策措施包括进一步发展金融市场、健全社保体系、改善收入分配、"藏富于民"等。另一方面,应积极稳妥地推进资本账户开放,降低私人部门对外投资的交易成本,鼓励非国有企业和家庭"走出去"。当然,上述政策还会有额外的收益和成本,这需要政策制定者更全面地评估政策的得与失。

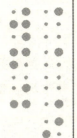

从中国货币政策的演变,看货币政策的特点

张 延 邱牧远

在我国,货币政策工具包括存款准备金制度、公开市场业务、再贴现、再贷款、利率政策以及汇率政策。由于中国利率水平尚未完全市场化,且货币政策传导机制存在缺陷,像西方国家一样仅仅通过控制基准利率来准确调控市场利率是很难实现的,所以这些货币政策工具既包括对于基础货币的控制工具,也包括对基准利率的控制工具。

存款准备金制度是 1983 年国务院在《关于中国人民银行专门行使中央银行职能的决定》中提出,专业银行吸收的存款要按一定比例存入中国人民银行,中国人民银行于 1998 年 3 月改革了存款准备金制度,合并了法定准备金账户和备付金存款账户。规定法定存款准备金由法人统一缴存,将法定存款准备金率由 13% 下调到 8%。2004 年 4 月 25 日,实行差别存款准备金率制度,金融机构适用的存款准备金率与预期资本充足率、资产质量状况等指标挂钩,对资本充足率低于一定水平的金融机构实行相对较高的存款准备金要求,建立起正向激励与约束机制。

公开市场业务是指中央银行吞吐基础货币,调节市场流动性的主要货币政策工具,通过中央银行与指定交易商进行有价证券和外汇交易,实现货币政策调控目标。中国公开市场操作包括人民币操作和外汇操作两部分。公开市场业务开始于 1996 年 4 月,后因流动性问题,暂停公开市场业务。1998 年 5 月恢复公开市场业务。1999 年以来公开市场业务操作已成为中国人民银行货币政策日常操作的重要工具,对于调控货币供应量,调节商业银行流动性水平,引导货币市场利率走势发挥了积极的作用。2001年开始,现券交易和回购交易共同成为中国人民银行公开市场业务的主要工具。公开市场业务成为央行调控货币供应量的重要手段。

再贴现是商业银行或其他金融机构将已贴现的、所有的未到期商业票据向中央银行转让,以提前获得资金的行为。中国的再贴现业务从1981年开始试办,业务规模不断扩大,调控机制逐步完善。作为重要的货币政策工具,再贴现利率的变化已成为货币政策导向的重要信号。

再贷款是中国人民银行实现货币政策目标最重要、最有效的一种间接调控手段之一。中央银行贷款投放的是基础货币,具有信贷倍数扩张能力,因此,中央银行再贷款的增加或减少,直接影响着专业银行的放贷能力。

利率政策是中国货币政策的重要组成部分,也是货币政策实施的主要手段之一。利率工具主要有:调解中央银行基准利率,包括再贷款利率、再贴现率、存款准备金利率、超额存款准备金利率;调整金融机构法定存贷款利率;制定金融机构存贷款利率的浮动范围;制定相关政策对各类利率结构和档次进行调整;等等。随着利率市场化改革的逐步推进,作为货币政策主要手段之一,利率政策将逐步从对利率的直接调控向间接调控转化。利率作为重要的经济杠杆,在国家宏观调控体系中将发挥更加重要的作用。

改革开放以来中国货币政策的宏观调控方式大体经历了两个阶段,从开始的行政命令的直接调控,转变到使用货币政策工具的间接调控。

一、行政手段的直接调控(1979—1997)

改革开放初期由于没有完善的市场体系,因此依靠市场的间接调节也就无从谈起,这个阶段货币政策主要是行政命令,通过制订指令性计划、下达行政命令来实现政府的货币政策,通过对指标、贷款规模和现金发行量的控制来达到调节经济的目的。这个阶段货币政策带有浓厚计划经济的影子。货币政策的主要方法是:当经济过热时,政府压缩信贷规模和货币投放;当经济萧条时,扩大信贷规模和货币投放。这种调控方式完全是直接对于信贷和货币投放的控制。

二、货币政策工具的间接调控(1998年至今)

随着市场经济体制的确立,以及金融市场开放程度的扩大,直接融资在市场中所占比例逐年上升,单纯依靠行政手段管理信贷规模来直接对货币供应量控制已经不能满足市场的需要。于是,中央银行对金融的宏观调控由以信贷规模为中介目标和操作目标,改为调控货币供应量和基础货币。中国人民银行从过去依靠贷款规模指令性计划进行控制,转变为根据国家确定的经济增长、物价控制目标和影响货币流通的各种因素,综合运用利率、公开市场业务、存款准备金、再贷款、再贴现等货币政策工具,间接调控货币供应量,以保持币值稳定,促进经济发展。货币政策方式的转变充分发挥了市场经济的优势,提升了货币政策调控经济的灵活性。

1998—2002年中国经济受东南亚金融危机的影响,出口增长猛烈下滑,总需求不足凸显出来。1998年CPI首次出现负值,为-0.8%。经济出现了通货紧缩,针对这一问题,配合国家的积极财政政策,中国人民银行采取了稳健的货币政策。取消商业银行贷款限额控制,给商业银行充分的贷款自主权,两次下调存款准备金率,同时改革存款准备金制度,灵活运用利率手段,连续多次降息,在推进货币市场发展的基础上,努力扩大公开市场操作,调整信贷政策,加大信贷支持。

2003—2006年受固定资产投资高速增长和经济高增长的拉动,各类物价指数上涨较快,能源、交通供求矛盾突出,通货膨胀压力加大。面对通货膨胀问题,中国人民银行继续执行稳健的货币政策,货币政策工具运用更加灵活,通过中央银行的"预调"和"微调",为国民经济持续快速健康发展提供稳定的金融环境。2003年8月起,五次上调人民币存款准备金率,两次上调外汇存款准备金率,并实行差额存款准备金制度,灵活运用利率手段,扩大金融机构贷款利率浮动区间,下调超额存款准备金利率。积极调整住房信贷政策,加强了对房地产信贷的管理和引导等。中国人民银行通过在全国银行间债券市场吞吐中央银行票据加大了对基础货币的调节和控制。

由于财政和货币政策的单独使用和松紧搭配都对总需求产生影响,因而所有这些政策措施被称为需求管理的政策。

中国的宏观调控政策组合趋于中性,从2004年开始实行稳健的财政政策和稳健的货币政策。这种中性的宏观调控政策组合反映出现实经济的复杂性,政策制定者需要对具体行业、具体阶段进行适当调整。考虑到宏观经济政策的时滞问题,无论是内部时滞还是外部时滞,对于宏观经济政策发挥正常效果都是至关重要的。因此,单一的财政和货币政策组合不能实现对于经济的微调,也会由于时滞的影响给经济带来一定的不确定性。而混合的财政和货币政策组合对于经济的调控更加灵活,可以根据具体经济结构和经济走势,实行稳健趋紧或稳健趋松的宏观经济政策,实现对经济行业、经济走势的微调,实现经济的平稳发展,防止经济出现大起大落。

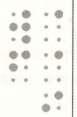

理解"新常态",避免"内卷化"

锁凌燕

自2008年金融危机爆发以来,全球经济一直处于"低温"状态,从国内的情况来看,如何可控范围内放缓经济增长以实现经济发展的可持续性、全面向"新常态"转变,成为经济发展主题。2015年政府工作报告明确提出,新的一年,要"主动适应和引领经济发展新常态""突出创新驱动""加强民生保障""促进经济平稳健康发展和社会和谐稳定"。在这样的背景下,完善现代金融体系、带动扩大社会就业、促进经济提质增效升级、创新社会治理方式、保障社会稳定运行、提升社会安全感、提高人民群众生活质量,成为保险业这一现代服务业的历史使命和战略目标。2014年8月国务院发布的《关于加快发展现代保险服务业的若干意见》,对保险业未来改革发展进行了全面部署,为保险业创新发展提供了系统性的支持性政策。改革红利的释放,对保险业的健康持续发展意义重大;而从保险业的角度来讲,要抓住时代赋予行业的历史机遇,最重要的命题莫过于理解"新常态"对行业发展的本质含义,创新行业发展模式。

一、"新常态"对保险业意味着什么

首先,社会风险升级。在经济快速增长和收入分配差距显著的条件下,居民财富分布不均的程度有所加深,进而加大了社会断裂的风险。根据《中国民生发展报告2014》,中国顶端1%的家庭占有全国1/3以上财产,底端25%的家庭拥有的财产总量仅在1%左右。这一方面对改革的全面深化提出了更高要求,另一方面也意味着必须加快完善以社会保障为核心的社会保护带,通过带有再分配性质的社会保护政策,将公共资源向低收入及弱势群体倾斜。事实上,在公认市场化程度最高的美国,政府通过现金给付、实物补贴和税收优待等措施,保护低收入及弱势群体生活水平的开支占到 GDP 的 29% 左右,OECD 成员的平均水平也高达 21%。对于中国这样一个发展中的人口大国而言,政府在社会保护方面的压力尤其巨大;而经济增速换挡,又限制了可使用的公共资源总量。因此,在新常态下,提高公共保障制度的运作效率,鼓励市场机制的发展,通过替代效应释放一部分财政负担和公共资源,避免让政府陷入"泛福利化"的陷阱,是完善社会保护带的题中应有之义;与政府建立合作伙伴关系,充分发挥效率优势,帮助缔造多层次多元主体参与的人身风险安全保障体系,将是保险业的重大历史使命和历史机遇。

其次,微观风险升级。从人身风险来看,在经济社会持续发展和医疗技术快速进步的条件下,疾病谱日趋高级化,与生活方式相关的慢性退行性疾病发病率不断攀升,进而加大了长寿风险和疾病风险,这两种风险进一步交织在一起,加剧了人口老龄化对个人经济安全带来的挑战;从非人身风险来看,与各种新技术、新行为伴生的风险越来越繁杂,以责任风险、信用风险等为代表的人为风险的重要性日益上升。作为现代化的产物,人为风险是法律制度、技术与科学等社会制度共同作用的结果,其概率分布很难确定,管理的难度也很大。微观风险的升级,意味着历史人口统计数据、历史损失经验数据等对定价的贡献变得相对有限,消费者日常行为包括生活习惯、消费行为等能提供的信息更有价值。因此,未来保险业的有效经营,可能需要借助大数据、智能化、移动互联网、云计算等技术的发展与运用,积极获取并深度挖掘消费者的行为信息。

再次,消费者升级。在过去三十多年的发展历程中,保险业一直苦于消费者风险意识和保险意识不足;但必须看到的是,行业的发展本身也是消费者教育的过程,而经济社会发展也在加速消费者升级的过程。一方面,消费者对风险和保险产品有了更多了解之后,理性消费渐成主流。最近,北美精算师协会发布《变化中的中国中产阶层人寿保险市场》白皮书,其在中国16个城市针对1989个中产家庭的调查表明,越来越多的消费者不再将寿险看作一种短期的储蓄手段,而是将之定位成终身金融规划的一部分,更看重其死亡保障功能。另一方面,消费者的消费习惯正在改变,随着80后、90后渐成消费主力,新的消费者细分市场正在形成,单纯的"物美价廉"已经不能满足消费者日益多元化、个性化的消费需求,这对保险业的品牌战略、产品战略和渠道战略等都提出了更高的要求。

最后,竞争升级。行业竞争的升级,不仅仅意味着竞争主体的增加、"老三家"市场份额的不断稀释,也不仅仅意味着金融综合经营带来的冲击,而且还意味着潜在进入威胁的增加。一方面,随着对外对内开放的深入和金融改革深化,保险业进入的法律政策性门槛显著降低;另一方面,随着技术进步,行业的规模经济壁垒也大大削弱,例如,新进入企业可以通过互联网和电子商务技术,低成本地快速发现并找到客户,从而冲淡了传统企业因为具有广布的销售网络和分支机构而产生的规模经济优势。进入成本的降低,将显著增加保险业对资本的吸引力。特别是那些具有大数据优势从而具有产品开发优势的互联网企业,希望延伸产业链条且已有客户基础的实体企业,都构成了有效的竞争威胁。

二、适应和引领"新常态"必须避免"内卷化"

面对这样的新常态,我们必须警惕"内卷化"的风险。"内卷化"原本是人类学、社会学研究的一个概念,借用这一概念,我们把保险业要警惕的"内卷化"倾向概括为这样一种趋势,即行业系统经过一段时间的发展,在服务理念、运行程序、方法技术等基础领域形成了定式思维,创新、扩张与再生的原动力和执行机制不足,转而推动系统内部不断精致化和复杂化,竞争陷入"红海僵局",以致功能绩效不彰。

比如说,长期以来,保险业的经营都遵循"销售→核保→收取保费→理赔"的被动服务模式，业务重心大都在前端，在整个保单生命周期中与客户的接触点很少，一方面难以掌握风险的变化情况，另一方面也不利于提升客户黏性。但是，面对升级了的风险、消费者和竞争条件，如果保险企业不能提供更为精细的客户生命周期管理，有效地分析和预测客户需求，主动进行有针对性的风险提醒、产品推介和个性化服务，引导并满足客户变化的个性化需求，就会同时陷入功能障碍和内卷化过程。

再举一例。巨大的人口老龄化压力、升级的长寿风险和疾病风险交织在一起，为微观个体的人身风险管理和社会风险管理带来了非常严峻的挑战，而保险企业实际上也缺乏长寿风险和疾病风险的管理经验。如果险企不能主动谋划布局，不能取得健康管理和护理服务等关联服务的定价话语权，不能干预风险损失的形成过程，仍然只是充当相对被动的"付款人"，只扮演财务压力纾解者的作用，也就不能充分满足消费者的真实需求，最终只能在资产管理能力和营销能力方面与竞争对手"短兵相接"，致使发展潜力受限，甚至可能被新兴业态取代。

避免"内卷化"，突破既有理念和体制框架，不断实现创新发展将是不变的基调。这也要求监管理念和监管制度的及时更新，创造尊重创新的监管环境。需要注意的是，一旦传统行业开始推陈出新，业务结构和商业模式将会发生重大变化，监管部门只有站稳了保护消费者权益的立场，明确风险底线的最后内容，才不会被"创新乱象"迷惑。

Part 6

信用建设：无信不立，诚为千金

加强信用教育，完善社会治理

章 政

我国的社会信用体系建设的步伐，在经过二十多年的实践探索之后，以2014年4月国务院关于《社会信用体系建设规划纲要（2014—2020）》的颁布和实施为契机，进入到了一个全新的发展阶段。目前，呈现出两个基本特点：一是市场对建立良好信用关系的要求不断增强，这集中表现为各类商事主体对市场风险管理和监督的诉求十分迫切；二是社会对建立多层次信用体系的要求日益强烈，这主要表现为广大居民对政府公共服务活动的质量、水平等方面的要求日益增加。

为此，党的十八大报告中明确提出了要"深入开展道德领域突出问题专项教育和治理，加强政务诚信、商务诚信、社会诚信和司法公信建设"的发展目标。鉴于社会信用建设已经成为今后我国经济社会持续平稳发展的重要保障和长效机制，当前我国社会经济活动中的许多问题都与信用意识偏低、信用制度体系供给不足有关，而提升信用意识和建立信用制度的前提条件，是提高社会各界对信用知识和信用体系的理解和认识。

中华民族历来是一个有着悠久诚信传统的民族，但今天与世界上其他推动市场经济发展的民族一样，都遇到了"诚信缺失"的难题。今天，可以说这个问题已成为一个世界性的难题。值得思考的是，这个问题是在我们发展社会主义市场经济的过程中遇到的，为此，首先必须回答社会主义市场经济为什么也会在诚信上出问题。其实，从市场经济的本质来看，无论是否冠以什么主义或其他什么名称，在发展过程中都可能出现"诚信缺失"的问题。这是因为，建设社会主义市场经济的核心依然是发展生产力和协调生产关系，即解决物质生产和分配的矛盾,而社会主义制度的优越性,恰恰体现在可以更好地处理和协调各种利益关系的矛盾,从而为建立更为有效的制度体系提供保障。

古语曰:"地势坤,君子以厚德载物。"中国特色社会主义之所以能够被独立提出来并加以探索,一个重要的原因就在于中国社会五千年发展的历史特别是近半个多世纪以来中国改革开放的实践和国际经验都证明,以"厚德载市场经济"是完全有可能的。因此,加强社会信用建设、完善信用制度体系,不仅是发展我国社会主义市场经济的客观要求,也是我国社会主义制度建设中的题中应有之义。为了实现以"厚德载市场经济"的社会主义市场经济发展理念,这里,我们提出以下几点意见和建议供研究参考。

第一,对我国优秀的"民族基因"进行研究继承,为我国社会主义市场经济建设提供丰富的文化滋养。

中华民族作为一个有着深厚文化传统的伟大民族,在走向现代化、建设社会主义市场经济的过程中有没有办法化解市场经济的道德悖论?习近平总书记最近指出:中华文明积淀着中华民族最深层的精神追求,代表着中华民族独特的精神标识,为中华民族生生不息、发展壮大提供了丰厚滋养。这段论述使我们眼前一亮:化解市场经济运行的道德悖论,可以在市场经济发展的过程中通过激活中华民族的精神基因来实现。长期以来,在解决市场经济中的道德问题时,亚当·斯密曾强调靠"人的本性"、马克斯·韦伯主张靠"神的召唤",但由于缺乏社会物质基础,均未能奏效。由于中华民族悠久文化传统中传承下来的优秀民族基因中蕴含巨大的能量,如何在发展市场经济的新历史条件下唤回它、激活它、放大它,使它成为强大的社会发展动力,将是下一阶段社会主义市场经济建设,特别是在意识形态领域推进社会主义核心价值观建设中的一项重要任务。

第二,建议加强信用教育、普及信用知识,尽快启动我国"信用基本法"的起草工作。

由于社会信用建设涉及范围广泛,需要一套全面完整的制度体系与之配套。但从目前我国的社会信用实践来看,整体水平仍然不高。首先,从法律层面看,当前我国有关信用的法律法规主要散布在《民法通则》《合同法》《商业银行法》等之中,缺乏制度化、体系化的信用法规和上位法的指导。其次,从市场实践看,商事主体在市场交易活动中的自律水平普遍偏低,集中表现为"重大违信事件时有发生,并已从经济领域向社会各个领域蔓延""信用信息管理的条块分割、部门分割等问题长期存在",从而使得市场活动中的道德风险在加大,使得许多政策和措施难以落实,社会监管成本有逐年加码的趋势。信用制度和信用体系的缺乏成为市场经济发展的无形障碍,而信用立法和信用法规的滞后成为市场经济建设中的有形短板。因此,尽快启动我国信用立法工作,特别是加快"国家信用基本法"的起草工作已经是化解当前我国社会经济发展的"信用约束"的当务之急。

第三,鼓励各地区、各部门、各行业深入开展信用管理探索,从实际出发加强对信用实践的政策指导。

近年来,随着现代信息技术、互联网技术、大数据管理等方法的应用,市场信息的计算存贮和分享能力已经有了质的飞跃,交易活动传递的及时性、可靠性、有效性得到有效保障,今后一个与现代市场体制相适应的系统化、集成化、精细化、简明化的市场运行管理体制将会逐步形成。为此,传统的市场管理和社会治理方法,即往往等待矛盾和问题积累到一定程度并产生冲突和事件后再进行解决的被动应对方式,已经无法适应迅速扩张的社会经济发展的要求。接下来,改变以往的"突击式""运动式""粗放式"管理体制的唯一办法,就是建立一个由全体社会成员共同参与的全覆盖、无缝隙、闭环式的治理体系,而这个制度体系运行的基础就是各地区、各行业、各部门共同实施的信用管理活动。为此,从不同地区、部门、行业的实际出发,积极鼓励多层次的社会信用管理探索,加强对市场信用实践的分类指导尤为重要。

据了解,目前全国一批高等院校先后设立了信用研究机构和信用专业学科,截至2014年年底,全国有26所高等院校开设了信用管理专业,开始了信用理论和政策的研究。但从建设中国特色的市场经济体制的具体要求来看,当前有关信用建设的理论和政策还比较匮乏,研究的深度和广度均有待挖掘。

例如,在信用体系建设过程中,对于如何界定社会主体和商事主体的信用等级和标准等问题迫切需要科学的解释,但当前的政策理论,包括宏观信用政策和微观信用政策理论都不能满足实践的要求。为此,紧紧围绕党的"十八大"报告中提出的"加强政务诚信、商务诚信、社会诚信和司法公信建设"的总体部署,为实现政府、社会、市场共同参与的新型社会治理格局,加强对信用理论和政策的研究指导非常必要。

第四,以系统化的信用教育"明道",以广泛的信用实践"优术",建立高度文明的社会治理体制。

孙子云:"道为术之灵,术为道之体;以道统术,以术得道。""明道"与"优术"的辩证关系告诉我们:目前,我国的信用知识普及和信用教育活动还只停留于"知术"阶段。从我国社会主义市场经济实践的要求来看,理论研究与信用教育必须先行,深究术的灵魂即"明道",只有从理论和教育上明晰信用思想和信用标准的内涵,才能"以道统术"抓住根本指导实践。具体来看,今后我国的信用教育实践不仅要做好"优术"的文章,更应在"明道"中先行。为此,以强化社会诚信和市场信用建设为核心,通过鼓励公众参与和提升社会关注的方式,激发各类主体开展多种多样的信用教育实践活动,将适用的信用案例、创新经验等通过有效途径传播给社会大众,最终实现政府、社会、市场三位一体的治理格局和管理体制,使得社会利益最大化目标得到信用制度的保障。

此外,为了积极推动信用教育实践,由于我国信用研究的专家、学者绝大多数集中于高校,而高校的科研条件和学术氛围为信用理论和信用思想的研究和传播提供了先天优势,建议在高校中率先成立全国信用教育组织,推动信用理论研究和信用知识的传播,加快培养出一批"以术明道"的信用专业人才,为我国社会主义市场经济发展和信用体系建设提供可持续的人才支撑。

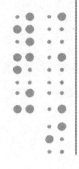

以个人征信报告为切入，建立我国居民信用体系

章 政

2015年3月5日，全国"两会"的政府工作报告中，首次提出了"要推进社会信用体系建设，建立全国统一的信用信息共享平台"。本文以近年政府大力推动的个人征信为焦点，通过对征信模式的分析，提出建立居民信用体系的四点建议。

一、个人征信的概念

所谓个人征信，是指根据公民个人现有和历史的有关信息，通过考察个人收入和资产所体现的履约能力，对其可以预见的偿付能力和偿付意愿给予相应信用评价的一种市场服务活动。换句话说，通过个人征信服务，公民个人在社会经济生活中，可以凭借信用评价的结果在市场上获取资金、物资、服务等各种支持。在社会信用体系中，由于个人既是重要的信用主体，又是建设企业信用和政府信用的基础，对社会信用体系的建设起着基础性的作用。

改革开放36年来，我国市场经济日趋成熟，人民生活水平也显著提高。十八届三中全会、四中全会明确指出，全面深化改革必须坚持社会主义市场经济改革方向。但是，在市场经济不断壮大的过程中，个人、企业、政府三者之间常常由于相互间的信息不对称而出现矛盾，并导致危机频发。尤其在商业领域，合同违约、虚假广告、有毒食品、诈骗现象等层出不穷，引发信用危机的可能性更大。此外，信用危机爆发的另一个重要原因是，我国个人信用管理制度体系尚不完善,失信成本低,守信成本反而高,出现了"守信者吃亏"的信用倒挂现象。建立个人征信制度,有利于鼓励诚实守信,敦促个人保持良好信用记录,对于重建社会信用,整顿和规范市场经济秩序十分必要。

二、个人征信的基本模式

(一)个人征信的范围

具体来说,作为征集对象的个人信用信息主要涵盖以下内容:(1)据以识别个人身份以及反映个人家庭、职业等情况的基本信息;(2)个人与金融机构、住房公积金管理中心等服务机构发生信贷关系而形成的信贷信息;(3)个人与商业机构、公用事业单位等发生赊购关系而形成的履约信息;(4)行政机关、司法机关、行使公共管理职能的组织等在行使职权的过程中形成的监管信息;(5)个人的社会公共信息,包括个人纳税、参加社会保险等;(6)其他信息,包括涉及个人的民事、刑事及行政诉讼判决、裁定和行政处罚等信息。

我国的全国性个人征信系统于 2006 年 1 月正式运行,到 2008 年全国个人征信系统的覆盖人群达到 5.95 亿人,截至 2014 年 10 月,我国个人征信系统收录的自然人数达到 8.5 亿,约占全国总人口的三分之二。接下来,根据央行下发的《关于做好个人征信业务准备工作的通知》,腾讯征信有限公司等 8 家民营征信机构将与央行主导的公共征信机构互为补充,开启了我国个人征信市场化服务的实践探索。今后,随着个人征信覆盖人群的扩大,个人征信报告将与更多的自然人息息相关,征信报告在人们生活和工作中的重要性也将日益显现。

(二)征信模式的选择

随着我国个人征信制度的不断完善,征信报告的使用也正逐步得到推广。近年来,除了在银行等信贷机构办理授信及贷款业务之外,个人信用报告已在多个领域发挥作用。例如,征信报告已经用于信用交易、招聘求职、租房、商业赊购等。从国际上看,美国在这方面已经远远走在前面,比如保险公司在销售保险时,往往参考个人征信报告和信用评分,并根据个人信用评分的变化调整个人保险费率。在个人租房、求职或者关乎一些岗位的去留决定时,个人征信报告都已成为重要参考工具。

我国是发展中国家,市场经济机制尚不完善,短期内难以较快建立起类似于美国模式的个人征信体系。而且这种模式对社会经济环境要求较高,特别是对法律法规、有效监管和个人隐私保护等,我国目前的环境尚无法满足这样的条件。同时,鉴于我国行业协会的业内影响力和约束力普遍不高的现状,像日本这种以行业协会为主的征信模式也不完全符合我国的国情。因此,近期我国应实行以公共征信机构为主体、市场化运作的个人征信机构发挥补充作用的个人征信模式,这类似于欧洲公共征信体系下的德国和法国等的个人征信模式。

三、对策和建议

第一,加快制定个人征信法规,完善征信业务指导。在立法方面,我国的《民法通则》《合同法》和《反不正当竞争法》中虽然都有关于诚实守信的法律原则,《刑法》中也有对诈骗等犯罪行为处以刑罚的规定,但这些仍不足以对社会中的各种失信行为形成强有力的规范和约束。同时,有法不依和执法不严的问题也相当严重。由于缺乏严格的失信惩罚机制,政府对信用市场的监督管理也相当薄弱,这些都构成了信用问题多发的外部原因。根据我国的实际,目前应加快制定有关个人信用的基础性法规,例如《政府公共信用信息开放条例》《个人隐私权法》《个人破产法》《消费者保护法》等。切实保护个人隐私和信息安全,保障居民的正当权益不受侵犯。

第二,建立失信惩戒机制,加大失信的社会经济成本。失信惩戒机制的建设和完善是个人征信体系发展的重要保障和前提。严厉的惩戒机制将会使失信成本大大增加,使得失信者无法立足。同时,失信惩戒机制可以把交易双方所发生的失信行为,从个体之间的问题、个体与企业或政府机构的问题,上升为失信方与全社会及其信用体制的矛盾,增加失信方的道德压力。为此,应加大对失信方的经济处罚和社会处罚,对其参与经济活动的权限加以限制,加大失信成本,从而对失信方产生极大的警示性和约束力。

第三,保护个人隐私权,规范信用信息的公开和使用。个人征信报告在一定程度上包含了被报告人个人隐私的一些内容。因此,要重视在个人征信制度中保护个人隐私权。欧洲国家的经验表明,从法律上对个人信用信息的采集、处理和使用进行明确规定,是保护消费者个人权益和进行高效征信活动的前提和基础。同时,要加强对个人征信机构日常活动的监管,建立相关法律的支持和保护。此外,要详细界定个人信用信息和数据的范围,信息主体的开示请求权、异议申诉权、损害赔偿请求权等,还需明确界定征信管理机构、征信服务机构、中介组织、其他组织和个人使用信用信息的权利和义务。

第四,加强个人征信制度的宣传,培育现代社会文明。发达的信用文化是国家个人征信体系建立的重要前提。需要注意的是,加强征信宣传教育的目的是让社会了解征信服务,提高信用意识,培育现代信用文化,促使每一个人重视自己的信用记录,提高全社会的信用意识。因此,要把加强信用意识作为我国社会主义市场经济建设的一项重要内容,让"诚实守信"和"履约践诺"观念深入人心,把讲信用的道德观念作为社会主义市场经济的内在要素和力量,增强全民信用观念,努力形成与市场经济发展相适应的健康和谐、积极向上的行为规范。

构建诚信社会，政府作用不可替代

杜丽群

综观世界各国的经验，政府参与信用管理的方式和程度与该国信用管理法律体系的状况密切相关。法律法规完善，政府的直接管理职能相对弱化，参与程度低，信用制度建设也就比较规范；法律法规不健全，政府或中央银行的直接管理职能就更为重要，信用体系建设的推进状况更容易受政府行为的影响。由于我国受发展阶段的限制，市场经济建设起步比较晚，法律体系不完善，特别是信用管理方面的法律法规相对缺乏，政府在推进社会信用体系建设、加快构建诚信社会的过程中扮演着重要角色。

一、政府诚信是法治国家、诚信社会建设的首要条件

政府诚信是社会诚信的基石和灵魂，政府在信用体系建设中应发挥基础和主导作用。由于政府信用主体的特殊性，它决定了政府信用缺失在社会中的巨大影响与负面作用。一旦政府失信，将会对整个社会的信用体系产生极为不利的影响。作为社会信用体系的制定者、执行者、监督者，政府是整个社会信用体系的核心与支柱。没有政府诚信，就没有司法公正，也就没有社会诚信。毫无疑问，政府在任何社会中都是民众的表率，如果政府不能做到诚实守信，其他的市场主体便会加以效仿，从而导致整个社会信用的大滑坡。因此，在社会信用体系建立的过程中，应从政务信用开始，建立各级行政机构、职能部门官员的信用评价体系，真正做到让权力在阳光下运行，把权力关进制度的笼子。

政府要抓好自身诚信建设。政府在决策时经常朝令夕改，如发展定位、思

路、目标、任务等决策部署缺乏稳定性和连续性,往往随着主要领导人的新老交替而更改;承诺不兑现,一些地方政府不时做出便民公开承诺、廉洁公开承诺等,但承诺内容有的空洞抽象、大而化之,有的缺乏必要的监督配套措施,往往"公开"不久便束之高阁;规划随意变更,建设方案缺乏权威性,说变就变。有些地方政府言而无信,不但损害自身形象,而且不利于全社会形成诚信风气。在建设法治型、服务型政府过程中必须增强诚信意识,切实解决一些政府部门官僚主义、贪污腐化的问题,以提高行政效率和公信力。

二、政府在诚信社会建设中应发挥积极主导和正确引导作用

近几年来,党中央、国务院高度重视社会信用体系建设工作。国务院成立社会信用体系建设部际联席会议,2012年明确由国家发改委与中国人民银行两家共同牵头,35个成员单位参加。国家发改委主要是牵头做五项工作:第一,做好顶层设计;第二,推动法规制度建设;第三,推动建立统一社会信用代码制度;第四,推动信用信息共建共享工作;第五,推动地方信用体系建设工作。2014年6月,国务院正式出台了《社会信用体系建设规划纲要(2014—2020)》,部署加快建设社会信用体系、构筑诚实守信的经济社会环境。这是我国第一部国家级社会信用体系建设专项规划。该纲要的发布实施可以说是我国社会信用体系建设历程中一个重要的里程碑,对做好当前和今后一段时间社会信用体系建设工作具有重要的指导意义。

一方面,政府应结合我国实际,明确长远目标、阶段性目标和工作重点,区别不同情况,采取不同政策,有计划、分步骤地推进社会信用体系建设工作。要加大组织协调力度,促进信用信息共享,整合信用服务资源,加快建设企业和个人信用服务体系。要坚持从市场需求出发,积极培育和发展信用服务市场,改善外部环境,促进竞争和创新。要抓紧健全法律法规,理顺监管体制,明确监管责任,依法规范信用服务行为和市场秩序,保护当事人的合法权益。要按照循序渐进的原则扩大对外开放,积极引进国外先进的信用管理经验和技

术,促进信用服务行业发展,满足市场需要,维护国家信息安全。

另一方面,政府应发挥推动和引导作用,为建立健全社会信用体系创造条件。第一,政府应当加强各部门之间的信息联通,实现信息资源共享,打破目前各自为政、信息孤岛的状态,提高资源配置效率。第二,政府应当组织有关部门研究和制定一些基础性、关键性的技术标准和服务标准,以规范信用管理行业的发展。第三,应抓紧研究和制定有关征信行业市场准入和市场退出、市场监管的法律或行政法规,为征信行业发展提供法制保障。第四,政府应当带头使用征信产品,在项目审批、工程招标、政府采购等活动中应当逐步要求行政相关人员提供信用状况文件,并采取有效措施,鼓励和引导企业和个人使用信用信息产品,增强企业和个人的信用需求。

三、奖惩联动机制和政府有效监督是诚信社会建设的重要环节

在构建诚信社会的过程中,奖惩一定要分明,一方面要加大对守信行为的奖励表彰,让守信者一路畅通;另一方面要严惩不守信者,让失信者寸步难行。通过新闻媒体广泛宣传,营造守信光荣、失信可耻的舆论氛围,这样才能够创造一种良好的社会各界诚实守信的环境。建立守信激励和失信惩戒机制的核心是依法披露失信行为,让社会公众知道失信者的失信行为,增加失信者的失信成本,在一定时间内限制失信者的发展空间和机会。此外,各级政府在市场监管和公共服务中要深化信用信息和信用产品应用,对诚实守信的自然人和市场主体给予一定奖励,包括优先办理、简化程序、绿色通道等激励政策。

在惩戒措施方面,主要分四个方面:一是行政监管性的约束和惩戒。建立各行业黑名单制度和市场退出机制。推动各级政府在市场准入、资质认定、行政审批、政策扶持等方面实施信用分类监管,结合监管对象的失信类别和程度施以惩戒。逐步建立行政许可申请人的信用承诺制度,并开展申请人信用审查,确保申请人在政府推荐的征信机构中有信用记录,配合征信机构开展信用信息采集工作。二是市场化的惩戒和约束。制定信用基准的评价指标体系和

评价方法,完善失信信用记录和披露制度,使失信者在市场交易中受到制约和限制。三是行业性的约束和惩戒。通过行业协会制定行业自律规则并监督会员遵守,对违规失信者,按照情节轻重,实行行业内警告、通报批评、公开谴责等惩戒措施。四是社会性的约束和惩戒。完善社会舆论监督机制,加强对失信行为的披露和曝光,通过社会道德谴责形成震慑力,约束社会成员失信行为。

此外,政府应加快制定并实施《信用信息公开法》《信用报告法》等法律法规,打破信息孤岛,实现政务、商务、司法等方面的信息互通共享,从而保障公民、法人和其他组织依法获取信用信息。

李克强总理在2015年政府工作报告中指出:"推进社会信用体系建设,建立全国统一的社会信用代码制度和信用信息共享交换平台,依法保护企业和个人信息安全。"这明确规定了信息的使用一定要建立在依法合规基础上,要对个人信用信息严格保护,并建立信用信息分类分级管理制度,在确保每个主体合法权益的基础上,共享信用信息。同时,还要健全信用信息主体权益保护机制,发挥行政监管、行业自律和社会监督各方面作用,综合运用法律、经济和行政手段加强保护。

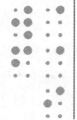

推进社会信用体系建设促进经济发展

崔 巍

近几年来,央视关于"3·15"消费者权益日的专题晚会越来越受到广大消费者的关注,其中,中国电信、家乐福、工商银行等大型知名企业陆续因产品质量和安全等问题被点名,一些骗局、陷阱和黑幕等陆续在晚会上被曝光。这些事实不得不使我们再一次正视社会诚信观念和诚信道德的严峻形势,大力推进社会信用体系建设已成为不容回避的紧迫任务。

改革开放以来,尽管我国在经济发展和社会进步方面取得了举世瞩目的成就,但是由于诚信建设相对滞后,在社会上也呈现出较为严重的诚信缺失现象。2011年10月,温家宝总理在国务院常务会议上,着重部署和制定了社会信用体系建设规划,要求把诚信建设摆在突出位置,抓紧建立健全覆盖全社会的征信系统,加大对失信行为的惩戒力度,广泛形成守信光荣、失信可耻的社会氛围。2013年11月,中共十八届三中全会提出,建立健全社会征信体系,褒扬诚信、惩戒失信。2014年4月国务院关于《社会信用体系建设规划纲要(2014—2020)》正式颁布和实施,意味着我国的信用体系建设进入到了一个全新的发展阶段,这将为提高社会信任水平、促进我国经济健康发展奠定坚实的制度基础。

社会信任对一个国家或地区的经济增长产生重要影响。在经济学家中,亚当·斯密被认为是最早系统地关注信任和经济行为的学者。他在《道德情操论》中指出"经济活动是建立在社会习惯和道德之上的,如果离开这些习惯和道德,人们之间的交易活动就会受到重大影响"。社会信任被看作一个社会经济构建和运作的润滑剂,全球范围内经济发展的滞后大都源于相互信任的缺失。由于经济活动需要依赖于人们的未来行为,因此在信任水平较高的环境中,实现经济活动的成本就比较低,人们消耗在保护自己在交易中不受侵犯的资源就比较少。一般来看,在国民收入较高和较平等的国家中,人们之间的信任和道德规范程度也较高。

日本经济学家福山认为,社会信任是文化对经济的影响途径和表现形式,其"影响的机理在于信任直接影响了一个社会的经济实体的规模、组织方式、交易范围和交易形式,以及社会中非直接生产性寻利活动的规模和强度"。信任和道德规范等社会资本不仅会对经济活动产生直接影响,还会通过政治等渠道产生间接影响。较高的社会信任水平,可以对财产权利和合同的执行力进行有效的保证,从而促进物质资本积累和促进创新,还有助于提高人力资本的收益和政府绩效。

社会信任对经济中的大型组织和机构,尤其是企业的业绩有着重要的影响。信任是嵌入企业成长路径中并影响企业成长的一种重要社会资本。研究发现,信任一方面可以保证进行频繁和重复交易的人们之间进行合作,另一方面也可以保证陌生人或者不频繁交易的人们之间进行合作,而后者更为重要。企业的成功依赖于雇主和雇员,以及雇员和雇员之间的信任。良好的信任环境有助于分工合作秩序的链条可以无限延展,从而使企业顺利迈向专业化并走向成熟的现代企业制度。

在金融市场中,社会信任体现为个体投资者对其他投资者、金融机构乃至整个金融市场的信任。投资者在金融市场进行投资时,不仅需要根据既有的信息对证券产品本身的风险和收益进行分析,也要考虑对金融市场的信任。投资者需要确信所有的信息和数据是正确的和可以依赖的,也需要对整个证券市场及其运行机制具有信心。

在经济全球化的今天,市场经济在一定程度上是信用经济。尤其是在构建和谐社会的进程中,社会信任显得尤为重要。为了使整体的社会信任水平达到一个最优的程度,必须大力促进社会信用体系建设,建立一套与现代市场经济相适应的信任机制。

第一,加强依法治国,完善法律法规建设,严惩违法违规行为。诚信建设必须以严密规定和严格执行的规定和体系作保障。明确对失信或骗取他人信任的投资者和企业的惩罚尺度,使交易行为受到客观的评估,以减少失信行为的发生。第二,有效地保护私有产权。这不仅仅包括政策保护,也包括文化保护和法律保护。在资本市场中,应该切实保护中小投资者的利益,每个投资者都尊重其他投资者的产权,同时也预期到自己的产权能得到有效的保护。第三,加强政府的协调和引导功能,加强和改善市场监管。凭借健全的国家监督和现代市场的法治管理,来保障个人投资者或企业的经济活动。另外,应该深化分配制度改革,健全社会保障体系,以强化投资和消费信心。第四,提高投资者素质,培养投资者自我教育和自我组织的能力,鼓励广泛参与横向社会。政府应该积极宣传诚信价值观,营造诚信的社会风尚,这可以有效地加强社会信任建设和提高诚信水平,对于整合社会资源,为经济现代化营造良好的生态环境,具有积极的意义。

借鉴科举制度历史经验,促进教育公平和社会流动

郝 煜

"收入不公穷一时,教育不公穷三代。"党的十七大以来,教育被列为以改善民生为重点的社会建设六大任务之首,强调"教育是民族振兴的基石,教育公平是社会公平的重要基础"。但造成教育不公平的原因异常复杂,推进教育公平涉及诸多利益格局的调整,上至高考名额的地域分配,下至教育经费的分配落实,千头万绪,绝非易事。

时下公众对教育不公口诛笔伐之余,常常有一种论调:科举时代"朝为田舍郎,暮入天子堂","人人皆可为尧舜",而今天的北大清华,农家子弟贫寒子弟越来越少见,世风日下,今不如昔!另一种论调则认为高考制度和科举制一脉相承,都是压抑人性,培养奴才,导致中国出不了领军人才,所以应该废除高考制度。那么科举制究竟是不是实现了广泛的教育公平和高度的社会流动,和今天比起来如何?而高考制度是不是应该为高等教育不公平和绩效低下负责?应该用实证的态度研究,用数字来说话!进一步地,我们应该分析科举制度的种种细节,总结、借鉴和吸取可用的经验教训。

实证研究表明,虽然科举制度提供了预设(Ex-nate)平等的考试机会和由此带来的政治参与机会(通过层层选拔成为天子门生),但是并不能改变不同阶层面临的起跑线不同这一事实,也导致科举带来的"实际"(Ex-post)社会向上流动极为有限。科举制度下,各级财政对于基础教育的投资接近为零,虽然四书五经获得的成本很低,但是要达到参加最低一级考试的水平,需要大量时间和财力的投入。教育基本上是由私塾提供(家庭聘请老师);部分宗族通过

族田和学田,给族内贫寒子弟提供免费教育,也有慈善人士创办义学,但毕竟是少数情况。据估计,晚清虽然男性的识字率只有30%,而只有10%的男性达到了参加最低一级考试的水平(相当于初中毕业),2%通过县一级考试成为秀才而有资格参加乡试(跻身绅士阶层)。所谓官学(各地府州县学)则只不过是地方政府对秀才的管理机构。另有研究表明,清代的进士寒门子弟(包括旁系上三代之内无秀才及以上功名)的比例在20%左右。也就是说,80%的天子门生来自2%的绅士家庭!更不用说,女性没有权利参加科举考试,也没有权利参加社会活动,识文断字只是为了更好地相夫教子。

作为对比,中华人民共和国成立后占人口大多数的工人农民阶层在北京大学学生的比例从1952—1955年的20%,提高到1995—1999年的36%;同时工农阶层的人口比例从90%下降到80%,虽然工农阶层在北大学生中的比例低于其人口比例,但比起科举制还是有了很大的提升。究其根源,基础教育的逐渐普及,是这一"无声革命"的主要动力。科举制下,专制国家面对小农经济的汪洋大海,受制于其财政能力的低下,没有也不可能给社会各阶层提供广泛的基础教育。

但是科举制度框架内的一些合理成分和分配原则,推动了教育公平,影响了今天高考制度的设计,值得我们好好总结和研究。第一,学额(进士、举人、秀才的名额)的地域平衡一直以来是统治者最精心考虑和设计的问题。中央政府对政治中心地区(京畿)和政治边缘地区(西北、西南和东北)给予更多照顾和优惠,比如云南、贵州、陕甘和奉天的学额占总学额的比例高于其识字人口占全国识字人口的比例。第二,在分区学额制之下,"冒籍跨考"的"高考移民"虽然长期存在,但在各种限制政策打压下规模有限。第三,对于少数民族地区,一级政府为少数民族设置专门学额,比如给贵州的苗民和陕甘的宁夏府(回民)较多的名额,使得少数民族更容易通过科举考试,为他们投资教育提供更高的激励。第四,对于移民较多的地区,一级政府为移民设置专门学额,以化解移民和土著在争夺有限学额方面的冲突。笔者的研究表明,那些受到照顾的省份,其科举表现(殿试中的排名)出现了不断改进的长期趋势,这说明落后地区在人力资本方面逼近发达地区。

反之，随着科举的废除，民国由于缺乏强有力的中央政府，把教育决策的主导权完全交给地方。由于缺乏学额制度的配置作用，民国的教育不平等远高于科举时代：地域内各阶层教育不平等的情况改善不大的同时，地域之间的教育不平等大大恶化了。而新中国成立后的高等教育政策则恢复了科举的学额制度这一重要杠杆。统一教材、统一考试、统一招生、分省配额、少数民族降分录取都体现了国家对教育资源加强控制和重新分配的意志。而户籍制度使这些政策的实施成为可能，在一段时间内彻底杜绝了"冒籍跨考"的可能。"文化大革命"十年废除高考，导致人力资本遭受重大损失，影响的不仅仅是被耽误的一代人；恢复高考，解放的也不仅仅是一代精英分子、改革先锋，它带来的是全民族文化素质的提升。最近，教育部推行了提高重点高校招收农村考生、贫困考生、少数民族考生比例的一系列举措，从短期来看，可能导致学生平均质量的下降，但长期来看，将改善上述弱势群体投资教育的激励，对于长期经济增长有促进作用。这并非以短期的效率损失换取短期的公平，而是以短期的效率损失换取长期的效率改进，功莫大焉。

延续一千多年的科举制度塑造了中国人对人才选拔的看法。钱穆认为中国人传统上有三种认可的地位获取方式：血统、打天下、考出来的。血统者，魏晋隋唐以来，已荡然无存；打天下者，以武力胜，非社会常态；考试者，不看出身，不看膂力，让知识成为人们实现向上流动的合法渠道。不管是科举还是高考制度下，考试机会至少对所有人具有"形式上"的平等。这种潜在的文化意识不可低估，是中国乃至整个东亚社会的宝贵文化遗产。归根结底，高考制度虽然存在这样那样的问题，但是已经深深嵌入了中国社会的方方面面。导致中国高等教育绩效低下的真正症结，在于作为教育供给者的大学之间，由于没有自由准入（Free Entry）而缺乏市场竞争。让优质教育资源进入教育市场，然后把这些资源在高考制度的框架内对于不同阶层进行合理的分配，才是高等教育改革的最优路径。

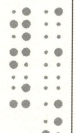

我国编制自然资源资产负债表的意义与困境

季　曦　龙显灵

生态环境问题一直以来都是各国在发展经济中的一块"难啃的骨头"。习近平主席多次在重要的场合强调绝不能以牺牲环境利益换取经济增长。2015年3月,"两会"政府工作报告提出"今年要打好节能减排和环境治理攻坚战""环境污染是民生之患、民心之痛,要铁腕治理"。党的十八届三中全会通过的《中共中央关于全面深化改革若干重大问题的决定》提出:"探索编制自然资源资产负债表,对领导干部实行自然资源资产离任审计,建立生态环境损害责任终身追究制",为我国实现经济和环境的协调发展提供了建设性的思路。关于这一概念性制度如何落地也成为2015年"两会"的讨论热点。

在我国面临严峻的生态环境问题当头,编制自然资源资产负债表具有深刻的意义:首先,这是落实资源和环境审计的前提。编制自然资源资产负债表是官员政绩考核制度改革中的关键一环。编制自然资源资产负债表要求把自然资源资产进行量化,通过存量、消耗、结余(正或负)进行衡量,考核领导干部发展经济对资源和生态环境的破坏状况或修复程度,改变地方政府盲目地追求经济增长速度的发展模式,纠正传统GDP的政绩偏向。其次,摸清自然资源家底能够为开发利用自然资源提供决策基础,并促进绿色GDP改革。自然资源资产负债表可以全面反映一个地区的自然资源储量及利用情况,回答一个地区是否适合开发利用某种资源,能在多大程度上被开发利用,如何实现可持续利用等决策问题。另外,绿色GDP核算也需要自然资源资产负债表提供数据支持。再次,可为优化政府和社会投资提供依据。长期以来,自然资源被认为是公共资源,其对社会经济发展的贡献也一直被忽视或低估。事实上,无异于其他资本,自然资源是保障社会经济运行的一种重要资本。2015年"两会"政府工作报告提出要推动社会资本参与公共领域投资,自然资源资产负债表能够量化显示自然资源开发或保育所能带来的负债和权益,为优化政府和社会投资提供决策依据。

目前,山东、贵州等省份对编制自然资源资产负债表进行了探索,试图抢占改革先机。然而,目前国家尚未出台整体规划,也没有具体的任务安排,总体还停留在分散的、自发的研究状态,统计部门、地方、高校科研机构都还在探索研究阶段。

因为自然资源资产的概念尚不明确,自然资源资产负债表的编制和核算体系也没有统一的、规范的标准,实践工作进行得磕磕绊绊。目前,大多数省份目前都只是摸底,还没有具体的、系统的成果出现。

在1992年之前,国际社会已经进行了近半个世纪的自然资源核算研究探索。1946年,希克斯(Hicks, John Richard)首次提出绿色GDP思想;1953年,国民账户体系被提出;1973年,苏联提出了物质产品平衡表体系(System of Material Product Balances, MPS);20世纪80年代,西方国家和部分发展中国家相继开展了资源环境核算研究工作,如90年代挪威在自然资源核算上的探索等。而在1992年,随着世界环境与发展大会的召开,环境和资源核算的研究工作出现了新的契机。1993年,联合国统计司建立了与SNA相一致的、可系统地核算环境资源存量和资本流量的框架,即综合环境与经济核算体系(System of Integrated Environmental and Economic Accounting, SEEA-1993)。在SEEA框架基础上,联合国分别在2003年及2012年发布了SEEA-2003框架和SEEA-2012中心框架,详细说明了自然资源的物理量、混合环境—经济账户及其估价方法,并积极尝试将其提升到国际统计标准,增加了环境退化及相关措施和评估方法的讨论。至此,资源环境核算已从理论体系摸索阶段过渡到了实际核算和实践阶段。但是,目前国际上尚无可以参考的自然资源资产负债表编制框架,而国内的研究也多停留在诸如宏观账户处理和分类等想法,还不能系统地指导我国国民账户体系的具体改进模式。

要进一步落实我国各地区自然资源资产负债表的编制工作,需要更为系统的研究成果。我们认为,编制自然资源资产负债表,需要先明确以下几点:

第一,清楚界定自然资源资产的产权归属。对于自然资源资产产权制度,十八届三中全会提出了"归属清晰、权责明确、监管有效"的要求。但是,目前许多自然资源的权属不清晰,一些资源的权属正在变更和登记之中,归谁所有有待明确。只有界定了产权归属,才能明确资产负债表的会计主体,这是核算的前提。

第二,明确资产、负债和所有者权益的具体内涵。资产应是该届政府针对资源开发利用,过去发生的交易或者事先形成的、已拥有或者控制的、预期会给政府带来经济利益的资源;负债相对而言比较复杂,主要包括资源开发过程中的环境污染、资源消耗所引起的价值损耗;所有者权益综合资产和负债两项的核算,包括资源股本(即已有资源价值)、资源收入(即销售资源产品得到的收入)、生产成本和生态成本。

第三,科学计量资产和负债的价值量。自然资源资产负债表的编制可分为两部分,一是实物量核算,二是价值量核算。其中,实物量核算已有较为成熟的统计体系,而价值量核算因为涉及自然资源的价值化问题而更为复杂。自然资源的资产和负债计价方式有按照市场交易价格、历史成本、未来收益的折现价值和重置修复成本等计价的方式,不同的计价方法各有优劣,不同的计价方法的价值量差异也较大,需要根据实际情况具体定论。

除此之外,要保证自然资源资产负债表在实际环境保护工作中发挥作用,还必须要有制度和法律上的保障。目前,我们尚缺乏相关的制度和法律体系,依据自然资源资产负债表的审计工作还面临很大的障碍。由此,配套的制度建设和法律平台的搭建也尤为重要,需要我们做更为系统的研究。

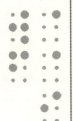

互联网时代的经济伦理与制度建设

李 权

近年来,在电子商务蓬勃发展的同时,形形色色的道德风险问题和网络犯罪备受关注。互联网技术的特征产生了道德风险的隐患,其核心推动力量——正反馈以及锁定规律使传统政府干预面临严峻挑战,其跨国界特征引发了国际司法冲突。如何更好地维护法制的权威,促进电子商务的效率与公平、公正的平衡,是迫切需要探索的问题。

一、技术视角:数字本位及道德风险

实践中很多案例表明,互联网技术的特征产生了道德风险的隐患,除了传统的知识产权问题更为突出并呈现出新的特征之外,还集中体现在以下三方面:首先,互联网技术具有普遍存在性和通用标准特性,使得人们的工作、社交、生活界限变得模糊,海量的信息使消费者的甄别和理解能力相对不足,为各类网络欺诈、信息犯罪等提供了机会,例如利用网络言论自由及影响实施欺诈、恐吓等;其次,互联网技术具有全球渗透能力,有助于大型跨国公司的扩张,而数字本位和成本——收益核算下的公司经营存在道德风险的隐患,对东道国、消费者的切身利益构成威胁;最后,互联网技术下供需互动和个性化定制成为普遍现象,消费者在享受个体需求最大限度满足的同时,其隐私权被侵犯的概率空前增加,正如电子商务经济中一句流行语所言——你在享受免费服务的同时,你自己就成了一项产品。

电子商务的互联网技术对消费者隐私权的侵犯成为普遍的现象:例如网

络跟踪器可以帮助网站搜集用户偏好、兴趣和上网方式的详细信息,由其生成的个人特征往往比个人注册的信息更准确;被用来偷窃私有信息或包括秘密信息的目标数据的间谍软件(Spyware)能逃避杀毒软件和网络防火墙,即使用户使用了反间谍软件,在用户使用智能手机和 Wi-Fi 连接时,每 7 秒钟将个人位置信息传输到移动业务运营商和网络服务提供商,从而主动传递个人信息;还有成本低廉、隐蔽性很强的射频识别技术,该技术下的各种可移动的智能标签和芯片已经植入护照和日常用品,在跟踪商品库存等流程的同时,追踪着相关使用者的行踪。

二、商务视角:正反馈、锁定与传统政府干预的困境

正反馈是电子商务和互联网经济的核心推动力量,又称为梅特卡夫法则、网络的外部性或需求方规模经济。根据正反馈效应,网络价值的增长与网络用户人数的平方成正比,网络的边际效用无限增长。在正反馈的作用下,电子商务的市场特征呈现显著的准不完全竞争市场状态,存在着一个或几个主导企业对市场价格具有操纵的能力,同时存在大量的竞争对手。市场的垄断性使得价格歧视成为常态和规律,生产者在满足消费者个性化需求的同时掠夺消费者剩余。

在电子商务中,转移成本和锁定成为普遍现象。转移成本是信息产业中的规律。它们可以很大,如贝尔大西洋投资数百万美元购买用于 AT&T 操作系统的电话转化器;也可以很小,例如顾客必须得到许可才能获得一张新的信用卡。与转移成本密切相关的锁定有各种形式:消费者锁定指从一种品牌的技术转移到另一种品牌的成本非常高,双边锁定(双边垄断)指供应商和顾客同时被对方锁定,合作者锁定的典型例子是原专为苹果公司设计软件的公司被迫熟悉 DOS 和 Windows 操作系统。

反垄断是政府干预经济的古老而传统的手段,美国、欧洲政府都尝试着以此直接干预互联网经济和电子商务市场。在微软反垄断案中,美国法院最终

撤销了拆分微软的判决,一方面基于这个市场的特殊性,另一方面出于对美国在国际贸易中地位的考虑,日益依赖信息技术产品出口的美国,保住微软的旗帜是必然的选择;由于没有国家利益的牵连,微软在欧盟的命运是彻底的败诉和巨额的罚款。美欧之间裁决结果不同,反映了信息时代政府干预问题在国际上从法律到实践的冲突。

三、法律与伦理视角:制度建设与机制创新

(一) 责任、连带责任与赔偿责任概念的明晰与法律正当程序

基于前述技术和商务视角分析,互联网经济的健康运行首先需要树立明确的道德原则和伦理概念,其中包括三个重要的方面:第一是责任(Responsibility),它赋予作为道德自由的行为人,无论个人、组织还是社会一个基本原则——必须对自身行为造成的后果承担完全责任;第二是连带责任(Accountability),它要求个人、组织和社会必须为滋生行为后果对他人产生的影响承担责任;第三是赔偿责任(Liability),它将责任和连带责任延伸到法律范畴。同时,正当程序(Due Process)是法制社会的特征,是法律从为人知悉、到理解、再到由最高权力机关公正执行的过程。

(二) 数据取证、实证复核纠正数据本位的道德风险

另外,美国历史上第一起由数据引发的全国性公共事件揭示了数据本位的问题及多方监督、实证复核的重要性。1840 年,美国进行第六次人口普查,有人在数据中发现:北方每 162 个黑人中有一个是精神病患者或白痴,而该比例在南方是 1 558∶1;白人群体的这项比例南北之间差距不大。蓄奴派借此指出:北方自由的雇佣制度和过度商业化把黑人逼疯,只有奴隶制才能让黑人保持身心健康。麻省的精神科医生贾维斯(Edward Jarvis)1850 年发现了事实和真相:问卷版面设计的问题使数据在搜集过程中很容易被填错位置,普查员将

白人精神病患者不小心填到黑人的栏目下。错误在南、北都发生了,在南方,因为黑人多,错误被稀释了;但在北方,黑人少,错误被放大,比例显得特别大。这场风波开启了围绕数据开展公共讨论的先河,用数据辩论也成为美国南北战争的序幕。

(三) 消费者权益保护和在线社区超越传统司法冲突

同时,在各国法律、伦理差异悬殊并产生国际冲突的情况下,一些在线社区尝试着以无国界的在线家园方式改变人们对隐私等问题的观念,保护消费者权益,使参与者产生强烈的归属感,将"客户"转化为真正的"用户",调动每一位"用户"的正能量。在线社区是以计算机为媒介的环境中,由于共同目标而结合在一起并通过自定规则管理的人的集合。

一些国际组织也致力于保护消费者权益,例如万维网联盟制定了 P3P 标准(Plateform for Privacy Preferences Project),该标准是万维网联盟 2002 年 4 月开发的隐私偏好工程平台,其主要目的是通过加强技术增强客户对网络的信任和信心。P3P 允许网站声明如何使用从浏览网站的使用者那里搜集到的信息的标准。它为网站提供了表明数据管理惯例的机制,也提供了一种可扩展标记语言(XML)的标准格式,可被网站用于对其隐私政策编码;客户可以更准确地控制共享信息的种类。

(四) 知识产权管理、人工合成数据取代传统知识产权和隐私权保护

由于形形色色的版权侵权案件耗时过长、成本极高,知识产权管理作为一种新的理念应运而生。例如数字版权管理(Digital Rights Management,DRM)指数字内容的制造者基于一定的技术保护措施所采取的控制和限制这些内容使用的一系列手段。版本管理(Versioning)是 DRM 的一种具体策略,将基本相同但有微小形式差别的产品销售给不同的消费群体。例如 Intuit 创造了两种软件版本,Basic Quicken(初级版)售价 20 美元,Quicken Deluxe(豪华版)售价 60 美元。

人工合成数据（Synthetic Data）是在掌握了全体数据的统计特征的基础上，利用人为手段，产生一些统计特征和原始数据一样的人工数据，但在个体信息层面，其敏感的数据字段都被虚拟的数值取代了，个体信息因此不会被泄露。生成合成数据需要从提取原始数据的统计学属性开始。

在电子商务和互联网经济发展的进程中，各种制度建设和创新不仅仅需要政府职能的转型与升级，也需要公民自身的改变和改进。在此过程中，法律的权威得到更广泛、更进一步的确立和支持。法制的成熟和完善将为电子商务与互联网经济的增长提供坚实的保障和创新的激励，使世界福利增长、国家富强、人民安康成为可持续发展的大趋势。

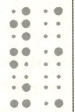

以商事登记改革为依托,构建我国企业信用制度

章 政

"售假企业可以罚到倾家荡产",十二届全国人大三次会议记者会上,国家工商总局领导在答复"商事制度改革"时,表达了治理市场秩序的坚定决心。本文通过对商事制度改革进行分析,提出了以"协同监管"构建企业信用制度的思路。

一、我国企业登记制度的现状

我国企业登记制度是随着改革开放的进程特别是随着建立社会主义市场经济制度而发展起来的。中华人民共和国成立伊始,在很长一段时间内没有形成较为系统的企业登记制度。1978年改革开放后,工商行政管理机构全面恢复,企业登记注册管理作为工商系统的职能得以确立。

根据1988年国务院发布的《企业法人登记管理条例》,我国企业登记注册程序通常须经过申请、审查、备案和公告四个阶段,这四个阶段是工商企业登记行为的必备过程。需要注意的是,我国的企业登记制度是法人登记与经营资格认定的合二为一,即企业法人营业执照的颁发,意味着工商机关对企业法人资格和经营资格的同时认定,具有鲜明的行政许可性质。

二、商事登记制度改革的内容

2014年2月7日,国务院印发了《注册资本登记制度改革方案》(以下简称《方案》),以正式文件的形式明确了注册资本登记制度改革,开启了对实施多年的企业登记制度进行重大调整的步伐。按照《方案》要求,企业商事制度改革的主要内容如下:

第一,改注册资本"实缴制"为"认缴登记制"。按照《方案》规定,放宽了注册资本登记条件,除法律、行政法规以及国务院决定对特定行业注册资本最低限额另有规定的外,取消公司最低注册资本限制。同时,不再限制全体股东(发起人)的首次出资比例、货币出资金额占注册资本的比例及缴足出资的期限,公司实收资本等不作为工商登记事项,公司登记无须提交验资报告。这一方面大大地降低了公司登记注册的门槛,使得原先登记审核最为费时的"注册资金审核"环节得以减少,大大地提高了工作效率,而且使得原先由工商行政管理部门承担的注册资本"监管责任"转变为企业发起人的自我责任,极大地增强了监管工作的主动性和有效性。

第二,放宽"年检制度"和"住所登记制度"。所谓年检制度,即企业的年度检验,它是指企业法人在每年规定的时间内,必须向国家工商部门书面报告企业运营的业绩状况,特别是包括有关人员、财务、利润、分配情况等。按照《方案》的要求,企业年度检验制度将改为企业年度报告公示制度。同时,放宽对市场主体经营场所的规定。这就极大地方便了企业注册登记,给予了市场主体更大的自主权和创业空间,有利于新型市场主体的培育和创业。

第三,推行电子营业执照、构建全程电子化信息管理系统。商事制度改革的又一重要内容,是建立适应互联网环境下的工商登记数字化登记管理系统。接下来,将推行全国统一标准规范的电子营业执照,为电子政务、电子商务提供身份认证和电子化监督服务提供保障。电子营业执照载有工商登记信息,与纸质营业执照具有同等法律效力。这将有利于提高对市场主体登记管理信息化、便利化和规范化水平,为部门协同监管、提高监管效能提供基础保障。

三、商事改革与企业信用建设的关系

企业作为市场主体,其赖以生存和发展的基础是良好的信用关系。社会信用体系是市场经济体制中的重要制度安排,企业信用建设是其中的重要一环。推进商事登记制度改革,是完善我国社会主义市场经济体制、保持国民经济持续稳定增长、防范金融风险、改善经济环境的客观需要。在当前的市场活动中,逃废债务、拖欠贷款、偷逃骗税、商业欺诈、非法集资等现象时有发生,给社会经济秩序和金融生态环境造成了极其不良的影响。加快建设以企业信用为中心的商事制度改革,对于防范和惩治失信行为,维护正常经济秩序,保护群众的合法权益,推进政府部门依法履职等都具有重要的现实意义。

此外,商事制度改革的一个核心思想是简政放权、创新监管方式、强化协同监管,促进政府职能转变和效能的提升。商事改革的重点,是将原来对企业微观活动的干预转向对市场主体行为和市场活动的监管,从传统的"重审批轻监管"转向"宽准入严监管"。同时,积极推动政府管理方式由事前审批向事中、事后监管为主转变,形成宽松准入、公平竞争的市场秩序。特别是企业注册登记改革所要求的构建市场主体信用信息公示体系,强化市场主体主动公开相关信息的义务,减少交易中信息不对称问题等,都是建立社会信用体系的基础工作,是适应经济社会活动现代化发展的必然要求,因此,从根本上讲,商事制度改革有利于发挥市场主体更大的作用,是社会信用体系建设的重要基础。

四、对策和建议

在中央政府的强力推动下,从 2014 年开始,商事登记制度改革在全国推开并在鼓励创业、增加社会就业等方面取得了显著成效,但必须看到,由于涵括各部门的统一信用数据库尚未形成,全国企业信用体系奖惩联动机制尚未

建立,信用法律体系和信用市场体系发展缓慢、亟待健全等问题的存在,作为商事登记制度"宽进严管"改革的基础和保障,改革要求的建立市场主体自我监管机制的目标不可能一蹴而就。

今后,商事制度改革实践的重点方向,应该在探索和创新"协同监管"模式和政策上加大力度。在提高信用监督的综合效果、完善信用惩戒的部门联动、加快构建适合我国国情的企业信用服务体系的同时,通过加强企业"协同监管",完善一系列商事制度改革的配套措施(例如,信用服务市场、有效的信息披露机制、企业内部治理建设等)是商事制度改革后实现"严管"的关键,必须给予高度重视和深入研究,进而为实现市场主体健康、高效、平稳发展提供制度保障。

Part 7

民生建设：德化黎元，道谱春秋

加快解决农民工子女随迁,促进以人为核心的新型城镇化建设

叶静怡 张 睿

我国最近30年的农村劳动力空间流动和产业间重新配置,在驱动工业化、城市化和经济高速发展的同时,衍生了一个亟待加快解决的社会问题——农民工的子女随迁。

2013年全国农民工监测调查显示,我国约有1.66亿农村剩余劳动力向城市地区流动和集聚①,他们子女随迁的情况如何呢?从历史发展的角度看,农民工的子女随迁近年来已经得到一定程度的改善。由于2010年之前没有农民工随迁子女官方公开统计数据,因此我们根据2005年人口普查数据,计算出2005年流动人口子女在义务教育阶段随迁的有633.72万②;根据官方统计数据,我国2010—2013年外出务工农民家庭中义务教育阶段的子女随迁量分别是1 176万、1 261万、1 392万和1 277万。不足10年的时间内,外出务工农民子女的随迁量增长了100%以上。但是,我国仍然有相当数量的农民工子女留守在农村,2010—2013年留守儿童分别为2 272万、2 200万、2 271万和2 127万。2013年农民工家庭留守儿童是随迁儿童的1.67倍。

子女随迁对于家庭功能的发挥和儿童的健康成长有着不可替代的意义。家庭功能的实现受到空间距离的限制(费孝通,1998),进城务工农民与其子

---

① 《2013全国农民工监测调查报告》。
② 人口普查数据的统计口径是流动人口,包括城市间和城乡间两部分流动人口的随迁子女。

女的地域分离,尤其是长期的分离,将影响家庭功能的正常发挥,不利于家庭成员生理、心理、社会性等方面的健康发展(Epstein 等,1983;Miller,2000)。留守子女由于缺少父母的日常陪伴和关爱,以及有效监护和沟通,不仅容易产生孤独、焦虑、自卑等心理问题(吴霓,2004;谭深,2011),而且容易引起学习成绩下降(刘庚常等,2006;胡枫等,2009),甚至导致厌学情绪,自愿放弃教育机会(段成荣,2005;叶敬忠等,2006),非常不利于他们的健康成长。长期的地域分离,还使父辈与子辈之间无法在面对面的亲密交往中产生感情和思想上的交流,将可能导致代际亲情疏离,价值观对立,乃至家庭内部的严重撕裂(陈雯,2014)。一项实证研究显示,子女留守在老家的进城务工农民对生活感到非常幸福的概率,比子女随迁的务工农民低 7.26%,前者对生活感到不太幸福的概率比后者高 3.04%(叶静怡、张睿,2015)。因此,以人为核心的新型城镇化建设,就需要把劳动力从农村向城市转移、城市人口数量简单增长的模式,提升为进城务工农民举家迁入城市、农业转移人口和城镇居民共建共享城市现代文明的增长模式。

居住条件是影响农民工家庭子女随迁决策的重要影响因素。农民工由于受其人力资本积累的约束,大都在劳动强度相对大、工资水平相对低的行业和岗位就业,他们中大部分人属于城市低收入阶层。他们的工资收入与就业城市的商品住房价格相比是如此之低,以致他们难以按照市场价格租用可以让家人共同生活的基本面积房屋,因此,相当多农民工都愿意接受包吃包住的工作条件,以避免过高的城市生活成本。这些农民工尽管有让子女随迁的愿望,可没有实现这一愿望的基本居住条件。解决这一难题的方向,是把农民工家庭列入城市保障性廉租住房享受对象的范围之内。近年来,保障性廉租房建设已经列入了我国许多城市的财政支出和建设规划中,建设规模在逐年增大,让农民工住上廉租房的呼声也越来越高,但由于土地供给和建设资金筹措等障碍的存在,已经把农民工纳入廉租房供给对象范围的城市还不多。我们期待在以人为核心的新型城镇化建设中,通过各级政府的协力攻关,加快破解相关难题,尽早把农民工家庭纳入廉租房保障体系内,满足他们在城市生活的基本住房要求,为农民工子女随迁创造最基本的条件。

异地升学是影响农民工家庭子女随迁决策的另一个重要影响因素。自2001年国务院明确规定打破户籍限制、以流入地政府和公办学校为农民工随迁子女义务教育的责任主体以来,各地政府相继采取各种积极的财政措施,有力地保障了本地外来人口的随迁子女就学[1],使随迁子女在异地公办学校就学的比例保持在80%以上[2]。然而,基于有关制度安排和不同地区的教育发展状况,异地中考和异地高考仍然无法实现[3],那些已经随迁的农民工子女在完成早期义务教育后,不得不返回家乡参加中考以继续高中教育并参加高考,从而使得子女已经随迁的家庭,再次分裂为父辈与子辈两地居住的状态,家庭功能正常发挥的基础再次被动摇。解决异地升学和高考问题目前已经提到了政府工作的议事日程,李克强总理在今年的政府工作报告中明确提出,要落实农民工随迁子女在流入地接受义务教育政策,完善后续升学政策。试想,如果全国高考都使用由国家考试中心统一命制的试卷,那么农民工无论流动到哪个城市就业,其随迁子女都将可以在流入地参加高考和升学,不再需要为应对家乡省份独特的高考试卷而返回家乡参加中考、读高中继而参加高考。统一全国高考命题将为解决农民工随迁子女异地高考提供基础,我们期待其他配套性改革措施的相继出台,早日实现随迁子女可以在流入城市参加高考,以保证他们在成年之前可以与父母在一起共同生活。

总之,农民工城市生活保障制度建设和异地就学升学制度完善,将为农民工子女随迁和家庭功能正常发挥提供必要条件,是以人为核心的新型城镇化建设的题中应有之义。

---

[1] 具体政策包括,将随迁子女纳入流入地财政保障,免除学杂费和不收借读费,为随迁子女接受较多省份提供财政奖补资金(2008—2014年中央财政共投入340.51亿元),扩大城镇教育容量,以及建立全国中小学生学籍信息管理系统以提供学籍跨省转接服务等措施。

[2] 人民网,2014年农民工随迁子女在公办学校就学比例超80%,http://edu.people.com.cn/n/2015/0228/c1053-26614297.html。

[3] 以北京市为例,2014年中考报考政策规定,无本市正式户籍,但符合条件的进城务工人员随迁子女可以报考中等职业学校,不能报考普通高中。

参 考 文 献

Epstein, N. B., Baldwin, L. M., and Bishop, D. S. The McMaster Family Assessment Device. Journal of Marital and Family Therapy, Vol. 9, No. 2(1983): 171—180

Miller, I. W., Ryan, C. E., Keitner, G. I., Biship, D. S. and Epstein, N. B. The McMaster Approach to Families: Theory, Assessment, Treatment and Research. Journal of Family Therapy, Vol. 22, No. 2(2000): 169—189

陈雯,青年民工家庭"弱化"与婚姻"催化"研究,中国青年政治学院学报,2014年第1期, pp. 89—96

段成荣,我国留守子女状况研究,人口研究,2005年第1期,pp. 29—36

费孝通,乡土中国生育制度,北京:北京大学出版社,1998

胡枫、李善同,父母外出务工对农村留守子女教育的影响——基于5城市农民工调查的实证分析,管理世界,2009年第2期,pp. 67—74

刘庚常、孙奎立、朱勇,流动人口子女教育监护与影响,人口学刊,2006年第6期,pp. 16—20

谭深,中国农村留守子女研究评述,中国社会科学,2011年第6期,pp. 138—150

吴霓,农村留守子女问题调研报告,教育研究,2004年第1期,pp. 15—18

叶静怡、张睿,农民进城务工与子女教育期望——基于2010年中国家庭追踪调查数据的实证分析,2015年,工作论文

叶敬忠、王伊欢、张克云、陆继霞,父母外出务工对农村留守儿童学习的影响,中国农村经济,2006年第6期,pp. 119—123

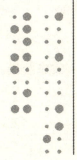

客观全面看待个人税收递延型商业养老保险

锁凌燕

一、个人税收递延型商业养老保险渐行渐近

刚刚发布的2015年政府工作报告提出,要进一步把改革开放扎实推向纵深,并明确指出其中一项具体工作就是要推出"个人税收递延型商业养老保险"。相较2014年8月13日国务院发布的《关于加快发展现代保险服务业的若干意见》中"适时开展个人税收递延型商业养老保险试点"的提法,个税递延型养老保险更迈进了一步。

关于养老保险的税收优惠问题,理论上的讨论由来已久,政策层面的研究也早已开始。自2008年起,就已经有一些地方开始对个税递延型养老保险进行讨论和论证,当年12月国务院颁布《关于当前金融促进经济发展的若干意见》,该意见提出了个税递延型养老保险纳入国家决策以及"研究对养老保险投保人给予延迟纳税等税收优惠"的具体议题。2009年4月国务院发布《关于推进上海加快发展现代服务业和先进制造业建设国际金融中心和国际航运中心的意见》,进一步明确"鼓励个人购买商业养老保险,由财政部、税务总局、保监会与上海市研究具体方案,适时开展个人税收递延型养老保险产品试点"。媒体也是不时有报道称个税递延型养老年金产品即将开始试点,但因税收优惠政策牵涉多方利益并涉及收入分配、社会公平等重大议题,争议颇多,以致个税递延政策一直处于规划和热切盼望之中。在政府工作报告中有上述明确的表示,意味着相关税优政策即将从构想和设计阶段迈入实施阶段。

二、税收优惠政策信号的释放利好保险业

个税递延型商业养老保险,意味着个人可以用税前收入向满足税优标准的商业养老保险计划缴费(当然,每年可以享受税收抵免的收入额度有上限要求),其投资收益也可以享受税收递延的优惠,即在领取养老金时才需缴纳个人所得税。在复利条件下,持续的税收折让所带来的回报对个人而言是非常有吸引力的。美国401(k)计划于20世纪80年代在美国兴起后,就是因为具有税收递延优待,所以在90年代便迅速超越了传统的企业养老金计划;据统计,目前全美户主接近退休年龄的家庭中,有60%左右拥有401(k)型的养老计划。

养老保险税优的"靴子"落地,对于保险业无疑是重大利好。具体而言,税收优惠政策的出台首先会激发购买,直接刺激行业增长。有测算表明,如果养老保险税收递延限额为700元,到2020年,在上海一地就可以撬动100亿—200亿元的商业养老保险保费收入,而且这部分业务对行业内含价值贡献重大。

其次,保险业可以以较低的开发成本触及更多客户,有利于客户深度挖掘和需求刺激。按前述假设,个税递延型养老保险在上海一地涉及客户规模便达1 000万人左右,远超过目前商业养老保险客户总和。若在此基础上,着力提高人均保单件数和件均保额,其中蕴含的商机不言而喻。

最后,有利于培养商业养老保险对其他金融产品的竞争优势,弥补其与替代品竞争中的"先天不足"。当前民众格外关注金融产品的收益水平是不争的事实,而且这种消费心理一时之间也很难扭转。由于保险资金运用相对而言受到了较为严格的规制,导致寿险产品在与其他投资类产品的竞争中处于相对弱势,而税收递延政策产生的税收节约效应,对弥补其这一缺陷大有裨益。

此外，个税递延型养老保险的推广，有助于长期保险资金的积累，这对于构造有效的金融市场和金融体系、推动金融市场完善也具有十分积极的意义，这又反过来会促进保险投资效率提升，进而间接推动寿险业发展。总体来看，个税递延型保险将有助于使消费者对保险的态度由现在的被动购买变为主动购买，十分有利于市场培育，对寿险业的未来持续发展有深远的、积极的影响。

税优政策的公平含义需谨慎关注

当然，看待个税递延型养老保险，我们不能只是考虑它的推出会给行业带来多大的好处；这种产品在其本质上是一种养老制度安排，我们必须着重考虑它对居民养老保障的含义。从20世纪90年代初起，经过二十多年的探索，我国初步形成了一个以强制性的基本养老保险为基础，辅以自愿性的企业年金和个人储蓄养老保险的多支柱养老保险体系。在改革发展的过程中，养老保险体系遇到了很多问题，特别是自愿性的补充型养老计划发展不足。据统计，截至2013年年末，全国共有6.61万户企业建立了企业年金，参加职工人数为2056万人，占城镇就业人员的5.4%；企业年金基金累计结存6035亿元，仅占当年GDP总量的1%。通过税收优惠政策激励个人积极安排养老保障，对于减轻财政压力、化解人们的老年经济风险、满足人们退休后的不同层次的保障需要，具有非常重要的意义。

但需要注意的是，个税递延带来的公平性含义仍需审慎预判。我国个人所得税采用的分类所得课税模式，不同收入来源的税率结构和扣除模式差别很大，而工资薪金所得税采用源泉扣缴的计征方式，一方面很难规避，另一方面相对稳定，且征免成本相对较低，可以合理推断，现实版的个税递延在很大程度上只能称得上是"工资薪金所得税"递延；而按照之前探索的试点方案，购买个税递延型养老保险还需通过职工所在单位进行，未在职的城乡居民和没有固定单位的自由职业者很难享受这一优惠。这样一来，实际享受个人所得税递延优待的商业养老保险购买者，其范围与企业年金税优范围基本是交叉的。事实上，据国税总局统计，目前我国个人所得税纳税人仅占工薪阶层人数的8%左右，约为2400万（主要是城镇居民），范围十分有限。

可以说，个税递延型政策并不具有普惠性，必须谨防其在制度上造成新的分配不公。因此，要通过政策手段鼓励市场在养老保障体系的构建中发挥积极作用，同时也必须注意，有限的公共资源更应该向弱势群体倾斜，才能确保公平性目标能够实现。政府在这方面的责任不容推卸。

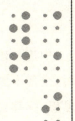

机关事业单位养老保险改革思考

郑 伟

2015年"两会"期间,"养老保险"问题再次受到社会高度关注,比如,机关事业单位养老保险改革、养老保险基金缺口、基础养老金全国统筹、延迟法定退休年龄、社保基金投资体制改革,似乎每一个都是热点问题。

2014年3月,笔者在北京大学经济学院"两会"笔谈的小文《养老保险的"基础公平"与"市场发展"》中曾提到:"机关事业单位与城镇职工的养老保险'双轨制'如何并轨,这是改革的'硬骨头',难度最大,但从社会公平角度考虑,顺应民意,必须做。改革的方向应当是,机关事业单位养老保险制度与城镇职工基本养老保险制度的基本框架保持一致,统账结合,缴费办法一致,养老金计发办法一致,养老金待遇调整办法一致,实现制度并轨。"

令人高兴的是,以2015年1月《国务院关于机关事业单位工作人员养老保险制度改革的决定》为标志,机关事业单位养老保险制度改革终于破题,改革方向与大家的期待基本一致,养老保险"公平性"迈出重要一步,这在中国养老保险改革历史上具有里程碑式的重要意义。

一、机关事业单位养老保险制度改革的历史梳理

回看历史,其实机关事业单位养老保险制度改革在中国并非新话题,而是始于1992年。1992年1月,原国家人事部出台《关于机关事业单位养老保险制度改革有关问题的通知》,标志着机关事业单位养老保险制度改革的启动。该通知提出:"机关、事业单位养老保险制度的改革,要贯彻党中央、国务院关

于'按照国家、集体、个人共同合理负担的原则,在城镇各类职工中逐步建立社会养老保险制度'的决定精神。逐步改变退休金实行现收现付、全部由国家包下来的做法。本着既要保证经济的发展,也要有适当积累的思想,统筹安排养老保险基金。要在总结我国现行干部退休制度的基础上,建立国家统一的、具有中国特色的机关、事业单位社会养老保险制度。"

2008年3月,国务院发布《事业单位工作人员养老保险制度改革试点方案》,适用于事业单位分类改革后从事公益服务的事业单位及其工作人员,决定在山西、上海、浙江、广东、重庆五省市开展试点,标志着新一轮事业单位养老保险制度改革的开始。改革的主要内容包括实行社会统筹与个人账户相结合的基本养老保险制度、改革基本养老金计发办法、建立基本养老金正常调整机制、建立职业年金制度、逐步实行省级统筹等。

二十多年来,机关事业单位养老保险制度改革开展了一定的探索,但是总体是不成功的,不仅1992年启动的机关事业单位养老保险制度改革没有取得预期进展,而且2008年启动的新一轮五省市事业单位养老保险制度改革试点也陷入困境,试点五省市均未出台正式实施方案。

在此背景下,2013年11月中共十八届三中全会通过的《中共中央关于全面深化改革若干重大问题的决定》明确提出,要"推进机关事业单位养老保险制度改革","制定实施免税、延期征税等优惠政策,加快发展企业年金、职业年金、商业保险,构建多层次社会保障体系"。2014年3月《政府工作报告》提出"改革机关事业单位养老保险制度,鼓励发展企业年金、职业年金和商业保险"。2015年3月《政府工作报告》进一步提出"落实机关事业单位养老保险制度改革措施"。

二、过去两次改革失败的原因

在过去二十多年中,1992年和2008年两次机关事业单位(或事业单位)养老保险制度改革总体不成功有很多原因,主要可以归纳为缺乏"三个配套"——大配套、中配套、小配套。

首先,"大配套"是指"事业单位"与"机关"改革的配套。事业单位类型复杂,其改革难度超过机关,2008年五省市改革仅改革事业单位,没有同时对机关的养老保险制度进行改革,必然遭遇来自事业单位的很大阻力。

其次,"中配套"是指事业单位"养老保险改革"与"事业单位改革"(包括事业单位分类改革、人事管理改革、收入分配制度改革等)的配套。2008年五省市改革仅改革事业单位的养老保险制度,而没有同步推进事业单位相关配套改革,因此养老保险制度改革必然难以推进。

最后,"小配套"是指养老保险制度内"基本养老保险"与"职业年金"的配套。2008年五省市改革仅改革基本养老保险(而且没有改革养老金计发办法),而没有配套建立职业年金制度。我们知道,机关事业单位的退休养老金水平高于企业基本养老金水平,所以,如果要推进机关事业单位养老保险制度改革,就要一方面将机关事业单位工作人员纳入社会基本养老保险,另一方面同时配套建立职业年金制度,构建多层次社会保障体系,否则改革难以深化。因此,建立机关事业单位职业年金制度是推进机关事业单位养老保险制度改革的必然要求,这也是为何十八届三中全会《决定》和国务院提出"推进机关事业单位养老保险制度改革""落实机关事业单位养老保险制度改革措施""加快(鼓励)发展职业年金"的缘由所在。

三、本次改革的若干支撑性工作

本次改革提出了"一个统一,五个同步"的基本思路,在很大程度上解决了上述"三个不配套"的问题,是一个良好的开端。虽然"良好的开端是成功的一半",但同时"行百里者半九十",改革愈接近成功愈困难,愈要认真对待。同理,围绕机关事业单位养老保险改革,虽然已经破题,但在2015年及今后几年,还有若干重要的"支撑性"工作需要继续去做。

在《国务院关于机关事业单位工作人员养老保险制度改革的决定》的框

架下,配合养老保险制度改革,应当如何完善机关事业单位的工资制度? 对于机关事业单位养老保险改革的"中人",应当如何对待,如何计发"过渡性养老金"? 应当建立什么样的机关事业单位职业年金制度,职业年金与已有的企业年金有何异同? 在养老保险并轨改革之后,如何看待企业养老金与机关事业单位养老金(含职业年金)的差距? 对于这些问题的理性讨论、共识凝聚和制度设计,应当是2015年《政府工作报告》提出的"落实机关事业单位养老保险制度改革措施"的重要内容,应当引起高度重视。如果对这些问题无法达成社会共识,那么改革存在"功败垂成"的风险。

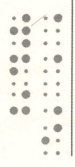

逐步将农民工加入城镇职工医疗保险体系，实现城乡医疗统筹

蒋云赟

农民工是城乡统筹的排头兵，一些农民工数目较多的地方政府一直在积极试图将他们纳入城镇社会保险体系，北京、上海和重庆等地规定农民工和城镇职工一样参加城镇职工医疗保险（简称"城职保"）。但农民工参加城镇医疗体系的情况并不乐观，2013年全国农民工26894万人，年末参加城镇医疗保险的农民工人数为5018万人，农民工参加城镇医疗保险的参保率为18.7%，这说明绝大部分农民工在城镇就业，但在户口所在地参加新型农村合作医疗保险（简称"新农合"）。"新农合"医疗费用垫付制度和异地报销制度使农民工的实际医疗保障水平受到影响。

农民工参加医疗保险的情形可分为三种：第一种被统计为城镇人口并且参加城镇医疗保险体系；第二种是统计为城镇人口，但是在户籍所在地参加"新农合"；第三种是人口普查时统计为农村人口并且参加"新农合"的农民工。笔者采用《中国卫生服务调查研究》中的相关数据，利用省际面板数据，选择固定效应模型，对城镇、农村次均住院费用和次均就诊费用进行回归分析，发现人均寿命、空气污染综合指数、人均绿地面积、城市人口密度以及城市化率与次均住院费用以及次均就诊费用间的关系不明显，而人均可支配收入、老龄化率和每千人的卫生技术人员数与次均住院费用以及次均就诊费用关系较为显著。笔者根据第六次人口普查数据，利用队列要素法对我国城乡分年龄、性别的人口进行预测，并在人口预测的基础上计算各种情形下农民工医疗保险的缴费和医疗保险基金支出。

目前农民工 19% 左右参加"城职保",其他农民工仍旧参加"新农合"。首先笔者比较 81% 的农民工参加"新农合"和城镇居民医疗保险(简称"城居保")的情形。笔者模拟得到:我们假设 2015 年起这 81% 的农民工不参加"新农合",而按照"城居保"的水平进行缴费和享受医疗保险待遇,2015 年基金支出从 666 亿元提高到 865 亿元,提高了 199 亿元,2014 年我国财政支出 151 662 亿元,这样 2015 年农民工放弃参加"新农合"而参加"城居保"引致的政府支出增加 199 亿元不超过 2015 年财政支出的 0.13%。我们还计算了各代一生中的净税额,也就是税收收入减去转移支付的净额的现值,为了维持现存的财政政策,未来代的负担是现存代的 2.6381 倍,未来各代向政府缴纳的净税额的精算现值要比现存代高 163.81%,如果未来代净税额不提高,政府的负担就需要大幅提升。如果 81% 的农民工参加"城居保",由于医疗保险待遇提升,未来代和 2010 年新出生一代的代际账户值的比率会提高到 2.6724,未来代的负担稍许提升。因此从财政压力的角度,农民工参加"城居保"无论是短期还是长期都完全可行。

下面我们模拟 2015 年起所有农民工参加"城职保"的情形。这又分为两种情况,第一种假设参加城职保后,退休后继续回到农村参加"新农合",由于工作年龄段缴费高,就诊率低,医保基金会有大量结余,我们可以看见未来代和 2010 年新出生一代的代际账户值的比率会降低到 2.3660,因此农民工在职时参加"城职保",达到退休年龄后回到农村参加"新农合"反而会减轻政府的压力,这是不公平的做法;第二种假设参加"城职保"的农民工退休后继续参加"城职保",我们可以看见未来代和 2010 年新出生一代的代际账户值的比率为 2.6160,仅稍许降低。因此如果让农民工参加"城职保",必须允许农民工退休后也能在城镇继续参加"城职保"才是合适的做法。

以 2012 年为例,我国"新农合"参保人员人均缴费是 68.5 元,"城职保"参保人员人均单位缴费 2 132.6 元,个人缴费 710.9 元。农民工如果参加"城职保",且参保人员自己负担单位和个人的缴费,"新农合"参保人员的缴费增加到原来的 41.5 倍,农民工 2010 年年均工资水平为 20 280 元,而 2010 年职工年平均工资为37 147元,农民工平均工资约为城镇职工平均工资的54.6%。如果2012年农民工平均工资仍然是城镇职工平均工资的54.6%,即25 536元,那么参加"新农合"的农民工个人缴费只占到自己工资的0.27%,远低于"城职保"参保人员2%的缴费率。因此目前参加"新农合"的农民工缴费过低,但农民工也不可能自己完全承担单位和个人缴费来参加"城职保",农民工的缴费能力在"新农合"和"城职保"之间。

  按照城镇职工参加社会保险的规定,如果个人工资低于社会平均工资的60%,按照社会平均工资的60%缴费,农民工平均工资约为城镇职工平均工资的54.6%,和60%差距不大。因此我们可以让农民工按照城镇职工的60%缴费,这不会超过农民工的承受能力。而且"城职保"参保人员的缴费工资占平均工资的76%,农民工的缴费基数和"城职保"平均缴费基数也不会差距过大。我们假设农民工的雇佣企业和农民工本人按照社会平均工资的60%缴费,假设农民工个人缴纳2%并进入个人账户,企业按照社会平均工资的60%缴纳一定比例,企业缴纳的30%也划入个人账户,如果企业按照社会平均工资的60%缴纳2%或者3%,所有年份农民工医疗保险统筹账户的支出都大于收入,当企业缴费率为2%时,未来代和2010年出生一代代际账户值比率会提高到2.9973,缴费率为3%时这一比率是2.9244,农民工医疗保险的缺口都需要政府补贴,因此2%或者3%的低缴费率让农民工加入"城职保"增加的财政压力可能超过政府的承受能力。如果企业按照社会平均工资的60%缴纳4%,2017年前统筹账户基本能够收支相抵,如果企业缴纳5%,2022年前统筹账户基本能够收支相抵,如果企业缴纳6%,2027年基本能够收支相抵。因此我们可以考虑逐步提高企业缴费率。我们假设企业2015年按照社会平均工资的60%缴费,每年提高1个百分点,直至和其他参保人员一样,并假设2020年前企业缴费率为4%,2020—2030年为5%,2030年后提高至和其他参保人员一样的水平6%。这样2033年前收支缺口都很小,2036年前累计结余都为正。也就是按照此方案参加"城职保",农民工医疗保险统筹账户的收入2036年前都足够支付支出,2036年后基金结余转为负值,收支缺口开始扩大。到

2050年时收支缺口为12 483亿元,占当年GDP的0.38%,这个问题的解决依赖于整个医疗体系的改革。而未来代和2010年出生一代代际账户值比率为2.6669,和现状相比,只提高2.88个百分点。因此如果按照这种方案加入城职保,缴费能力在企业承受范围之内,从中期来看基本也能收支相抵,从长期来看政府的压力不会因此有大幅提升。

从财政压力的角度看,农民工参加"城居保"无论是短期还是长期都完全可行。但是农民工作为城镇就业人员,仅享受"城居保"的待遇水平还不是真正的城乡统筹。从公平角度看,如果让农民工参加"城职保",必须允许农民工退休后也能在城镇继续参加"城职保"才是合适的做法。而让企业逐渐提高缴费率,缴费能力在企业承受范围之内,从中期来看基本也能收支相抵,从长期来看政府的压力不会因此有大幅提升。

加快建立我国的个人养老计划

陈 凯

2015年"两会"有关我国养老保险制度的问题再度成为大家讨论的焦点,除了大家一直关心的基本养老保险问题,有关个人养老保险市场发展的问题也受到更多人的关注。国务院曾在2014年颁布了《国务院关于加快发展现代保险服务业的若干意见》,其中明确指明要"创新养老保险产品服务,为不同群体提供个性化、差异化的养老保障,推动个人储蓄性养老保险发展"。在互联网金融的冲击下,人们开始重视自身的资产管理,尤其是养老资产的管理。为了保证自己退休后体面的生活,大家在寻找各种途径使自己的养老资产保值增值。因此,对养老问题的关注不再仅仅局限于保险公司,而是成为我国众多金融机构所关注的焦点,许多基金公司和信托公司都在开发个人养老产品。如何整合并发展我国的个人养老市场已成为亟待解决的问题。

事实上,随着老龄化进程的加剧,包括中国在内的世界各国的养老体系都出现了不同程度的危机,政府很难依靠自身的力量来解决所有人退休之后的收入问题。因此,世界很多国家在面临老龄化时都不约而同地对国家的养老体系进行了改革,将政府原有的负担分出一部分给企业和个人,通过相关政策来推动个人养老市场的发展,提高个人在退休后的收入水平。在欧美日等发达国家的养老体系改革的过程中,普遍采用了形式不同的个人养老计划。个人养老计划的推出使得居民养老脱离了对政府的依赖,对个人养老产品产生了更大的需求,从而促进了这些国家个人养老市场的快速发展。然而,我国目前并未建立个人养老计划,那么这种在国际上已经较为成熟的经验是否适合我国呢?

首先，我们先看看其他国家的一些先进经验，这对我国建立自己的个人养老计划并推动个人养老市场的发展有着很重要的参考意义。以美国为例，除政府提供的社会保障（Social Security）和雇主提供的员工退休计划（Employer-Sponsored Pensions）之外，美国退休体系的"第三支柱"个人退休账户（Individual Retirement Account, IRA）也是居民在退休后的主要收入来源。美国个人退休账户自1974年设立以来，至今已经将近40年，个人退休账户无论是从资金量，还是从拥有账户的数量上，都在美国养老金市场中占据重要的位置。截至2013年6月底，美国的个人退休账户资产规模为5.7万亿美元，占家庭退休资产的27%，家庭总资产的9.2%，是美国家庭退休资产中规模最大的养老金类别。美国的个人退休账户具有诸多优势：一是享有延税或免税等税收优惠，居民可以将税前工资存入个人退休账户中；二是缴费自由，在最高缴费限额内，既可以根据个人收入确定缴费金额，也可以从企业年金等其他养老金账户中自由转入；三是投资管理自主，个人可根据风险偏好，将资产投资于债券、基金、股票等投资组合。这三点优势为居民将资产存入个人退休账户提供了足够的动力。除美国以外，加拿大、澳大利亚、日本以及欧洲很多国家也均有类似的个人养老计划。可见，个人养老计划本身并非仅仅是一种养老产品或是保险产品，而是一种结合税收、福利和收入分配等多方面的顶层设计方案。它可以有效地激励个人在工作期间为自己的退休养老生活进行合理的储蓄，并通过长期的投资来获取稳定的收益。

其次，我们再看看我国目前是否需要设立个人养老计划。我国的老龄化程度已经十分严重。截至2013年年底，我国60岁以上的老年人口已经超过2亿，占总人口比例达到14.9%。有专家预测在2050年我国的60岁以上老人将接近5亿，占总人口比例超过30%。在这种情况下，居民可以采用的养老方案并不多。除社保以外，"第二支柱"企业年金对大多数人来说还难以拥有。截至2014年3月底，我国仅有6.8万家企业的2112.05万人加入了企业年金。更多的人只能依靠政府提供的社保和自我储蓄的方式来增加退休收入。这一方面会造成人口老龄化下政府负担加重，另一方面个人投资的收益率通常会面临较大的波动率,可能会造成退休后收入降低。而个人养老计划则可以缓解这些问题。原因有三:第一,个人养老计划可以为一些无法享受企业提供的企业年金的人员提供更好的退休保障;第二,个人养老计划中的资产不仅可以降低职工退休后收入不足的风险,也能减轻政府的财政负担;第三,个人养老计划总投资额的增加也有力地推动了我国养老市场甚至金融市场的发展,提升了我国的经济实力。因此,设立个人养老计划对于我国现阶段的养老保障体系而言十分必要。

最后,我国的养老市场在现阶段是否具备了建立个人养老计划的条件?从市场的角度来看,中国人寿养老保险公司推出一款"养老保障管理产品",起购门槛仅为1000元,预计年化收益率达到了7%。这立刻吸引了众多投资者,目前已经发售四期,基本上每期产品都是"秒杀"。这款产品虽然是某人寿保险集团下属的养老保险公司推出的产品,但其中并没有"保险"二字,其本质是一款理财产品。这说明我国的养老市场参与者们已经意识到养老问题不应当仅仅靠"保险"来解决,而是需要更多的"保障管理"。这也正是个人养老计划的关键所在。市场的认可还需要政策的扶持。保险新"国十条"在近期的推出恰好提供了相应的政策支持,有利于在我国现有的养老保障体系中建立个人养老计划。

面对我国老龄化下居民养老问题,单纯靠政府和企业肯定是无法解决的,必须加快发展个人养老市场,利用资本市场的力量来满足居民的养老需求。而个人养老计划则是发展个人养老市场的催化剂,可以利用税收优惠激励政策、自由的缴费制度和灵活投资管理等措施来吸引个人投资者。通过个人养老计划,居民可以更好地接受长期资产配置的理念,真正实现养老金与资本市场的相互依存关系,让绝大多数人通过个人养老计划提高退休后的养老收入。同时,依靠个人养老计划,可以引导我国的养老市场从"保险"向"保障管理"过渡,推动我国个人养老市场向正确的方向发展。

关于调低社保交费率的思考

朱南军

近日,经国务院同意,人力资源和社会保障部、财政部印发了《关于调整失业保险费率有关问题的通知》,明确失业保险费率整体下调1个百分点。据称,调整失业保险费率,有利于减轻企业和个人负担,促进就业稳定。

失业保险作为一种保险机制,其保险费率并非不可以下调,但是缴费率下调不能以为企业减负为理由和目的,也不能看成是"皇恩浩荡"的举措。费率调高或调低应该是基于保险精算的结果。据统计,2014年前11个月,全国失业保险基金收入1 191.7亿元,支出529亿元,结余金额663亿元;总计全国失业保险基金累计结存金额超过4 300亿元。按照2014年的基金支出情况,即使未来7年内不征收失业保险费,基金规模也足够支付,具有降低费率的现实可能性。如果说企业负担确实因此减轻了,那只是失业保险费率下调的客观结果,而非失业保险费率下调的原因。

然而,一些媒体包括有影响力的官方媒体均将此次降低失业保险缴费率归因为企业减负,甚至解读为"这是一个信号,给社会保险费率的整体降低带了一个(好)头",这是不妥的。3月5日的政府工作报告中也曾提到降低失业保险、工伤保险等缴费率。但五项社保的缴费比例中,企业承担29.8%,其中失业保险占2%、工伤保险占1%;因此,仅仅指望降低失业保险、工伤保险两项保险的缴费比率,效果极其有限。为企业减负的方法很多,比如降低流转税税率、降低能源电力等垄断商品价格、降低工薪税等(间接降低用工成本),效果岂不是更为显著?政府在"两会"前调降失业保险缴费比率为企业减负,象征意义大于实质意义。

此次调降失业保险缴费率的程序也欠妥。在调降失业保险缴费率问题上,没有听见社会保障管理部门和劳工组织的意见和声音;没有发布过去时期全国失业保险的运行报告,反思一下当初确定缴费比例的合理性,也没有讨论今后如何建立合适的失业保险缴费率的确定机制。当前社保需要建立一个对社保缴费率进行科学测算、确定和调整的常态机制,定期测算并调整社保缴费率。否则社会公众会质疑各项保险缴费率确定的合理性。既然失业保险缴费率可以下调,那么其他社会保险缴费率是否也有下调空间?于是,"两会"期间,全国政协委员、新东方教育集团董事长俞敏洪提交了一份《关于对我国现行社保政策进行适度调整的建议》的提案,让公众对下调社会保险费率尤其是占主要权重的养老保险费率产生了更多期待。

然而,社保缴费率不是简单的高好或者低好。社保缴费率过高增加企业负担,且相较于企业部门,社保基金运行效率偏低,降低了社会资源配置效率;社保缴费率过低则导致社保基金入不敷出,难以充分发挥社会保障职能。根据1月23日人力资源和社会保障部透露的数据,2014年社会保险基金总收入合计为39 592亿元,同比增长12.3%;基金总支出合计为32 977亿元,同比增长18.1%。从财务收支上看是有结余的;但是从增速上看,基金总支出的增长速度高出基金总收入的增长速度近50%,前景不容乐观。照这个速度简单测算,未来不到4年,社保基金总支出将超出基金总收入,出现入不敷出、难以为继的情况。这个数据说明了一种情况:仅从财务收支平衡的角度看,我国的社保基金的缴费率并不高。

但是与世界各国横向比较,中国社保基金缴费率又显得很高。中国五项社会保险法定缴费之和相当于工资水平的41%左右,有的地区甚至达到50%。按照相关专家的测算,我国的社保缴费率在全球181个国家中排名第一,约为"金砖四国"其他三国平均水平的2倍,是北欧五国的3倍,是G7国家的2.8倍,是东亚邻国的4.6倍。这确实让企业感到负担沉重。这么高的缴费率总应该有更高的保障水平吧?这也没具备。在总缴费水平41%中,养老保险占28%,占据绝对比率,但对企业退休人员却只能提供40%左右的养老金替代率;我国的医疗保险的报销比例和报销范围也不让老百姓满意,这问题到底出在哪里呢?如果我们仅从财务的角度分析社保基金运作,似乎已经闯进了一个死胡同。

前面曾经提及,社保缴费率的确定与调整应该基于精算基础,但精算工作并不是仅仅基于假设数字的把玩演算,而是要对各种精算假设基于的实体经济进行分析并寻求解决办法。社会财富是由劳动人口创造的,劳动人口的数量占比与劳动时间决定了社会财富总蛋糕的规模大小,也决定了社会保险缴费能力的总体水平。

我们从以下几个方面分析中国劳动人口数量占比与劳动时间,并将其与美国相比。第一,从人均寿命和退休年龄而言,根据2014年世界卫生组织的报告,中国人的预期寿命为76岁,美国为79.8岁(均指2012年出生人口预期寿命),差距已经不到4岁,而且还有拉近趋势。但另据有关机构统计,中美两国实际退休年龄分别为53岁和62岁。也就是说,在平均就业年龄相同的情况下,美国人平均工作年限比中国长。第二,关于休假制度,根据美世(Mercer,HR咨询公司)对全球62个国家雇员的假期进行的调查和统计,中国(21天,法定带薪休假)与美国(25天,企业惯例)均排名末端,但中国庞大的农村劳动人口和农民工由于工作雇佣关系不稳定,导致经常失业而处于自然放假状态。第三,从移民流向分析,美国是全球移民主要移入国,而中国主要是移出国。第四,中国由于三十多年的人口生育管制政策导致更严重的老龄化趋势。以上原因导致中国实际劳动人口占比与劳动人口人均工作时间均低于美国。劳动人口是社保缴费的源泉,它不仅影响养老保险缴费水平,也影响医疗、失业、工伤、生育保险的缴费水平。相应我们需要做四点工作:一是让延迟退休年龄成为必须;二是转变农村劳动人口身份,采取措施提高其工作稳定性与雇佣时间;三是讨论跨国人口迁移政策,稳定本国年轻人口甚至吸引外来年轻技术移民;四是加快放开人口生育管制政策。只有这样,才能提升劳动人口占比与劳动时间,进而提高整个社会的社保缴费能力、降低企业与个人的平均缴费负担水平。

民生建设：德化黎元，道谐春秋

最后我们再回到前述为企业减负的问题补充一点。在当前经济下滑、进入新常态的时期，为企业减负，让企业渡过难关是必要的。但是"两会"的经济议题，不能单纯以为企业减负为导向，而且为企业减负不能让市场失去优胜劣汰的机制。世界经济史上每一次经济低迷时期都有企业经营困难甚至倒闭，但同时又有更多的新兴行业和新兴企业涌现、发展并走向繁荣，这就是熊彼特所说的"创造性毁灭"（当然，让政府官员在"两会"上面对步入新常态的企业家们说"创造性毁灭"是需要勇气的）。这种情况下，某些企业感觉负担重难以为继，最终结束营业，恰恰是市场机制在发挥作用，结束没有效率的资源配置的结果。

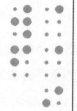

关注住房的社会保障功能

袁 诚

住房具有提供居住场所和耐用消费品的双重性质,对大多数人而言,它不仅仅是个人的安身立命之所,也是家庭或个人财富的主要组成部分。由于住房的财富性质,购房之前个人不得不长期积累储蓄,减少部分消费需求;购房之后房产所有人通过升值增加了家庭财富水平,或者通过不动产抵押弱化借贷约束,进而会刺激个人的消费需求。与之类似,社会保障也具有重新配置资源的功能。它在个人工作期间实施强制储蓄,在退休期间进行发放福利,使得个人资产在工作期间和退休期间得以重新分配。大量的实证研究和各国经验表明,住房自有率与社会保障支出之间存在着替代关系,即住房自有率越高,在存在房产交易的条件下,个人的自我保障能力越强,从而对社会保障的要求越低,导致政府的社会保障支出减少;同时,社会保障水平越低,居民越倾向于拥有私有住房。

我国是一个高住房自有率的国家,2012年西南财经大学的《中国家庭金融调查报告》统计出中国自有住房拥有率高达89.68%,远超世界60%左右的水平。而同时,我们的社会保障水平却很低,2012年财政社会保障支出比重为8.26%,这一水平尚不足2000年美国这一比重的一半,更远远低于OECD国家2012年的平均水平。高自有率、低社会保障水平共存的现象表明,地方政府在追求高住房自有率的政绩时,会减少其履行提供足够的社会保障职责的动力;而社会保障功能的欠缺,又进一步助长了我国居民"居者有其屋"的传统文化取向。

不仅住房自有率影响着我国居民的自我保障能力以及政府的社会保障支

出,近些年来,房价的高涨更强化了这种影响。相关研究表明,在现有住房自有率82.15%的平均水平上,房价上升10%将导致人均生活保障支出减少11.5元。房价对于社会保障支出的影响是显著的,房价下降的风险所导致的社会保障支出的压力是不可回避的。

正视住房自有率、房价变化对居民自我保障能力的影响,以及对地方政府社会保障支出的影响,对完善我国住房体系改革和社会保障体系改革均有实际指导意义,这些意义体现在:

第一,考虑到住房在房价上升时会对社会保障产生替代挤出,各地政府在制订财政社会保障支出计划时,需要权衡当地居民的自我保障能力和人们的实际需求,结合当地住房市场情况等影响因素,纳入财政社保支出计划的制订范围,例如,在做实社保基金账户时,可纳入更多住房等硬资产,以分享房屋升值收益。

第二,自有住房对社会保障替代的一个很重要的前提条件是,个体可以在年老时出售房屋,分享房屋升值的收益。对此,可考虑进一步完善金融市场的"以房养老"的模式,由地方政府或大型国有金融机构与房屋持有者签订协议,以房屋做抵押,每年支付个人足额养老金,之后房屋收归政府或金融机构,通过拍卖或再出售重新回到住房市场。

第三,自有住房对社会保障的替代还依赖于稳定的房价上涨。但是随着经济的发展变化,我国房价很可能存在下跌风险,如果一味追求高住房自有率,在房价下跌时,可能会加大居民财政社会保障支出的需求和压力。所以从长远利益出发,政府要避免对住房自有率的盲目追求,积极规避房价下跌风险,应该健全多层次住房保障体系,例如发展廉租房和公租房等,创新多元住房投资形式以及发展房产投资信托 REITS、房产抵押 ABS、房地产类股票等资产。

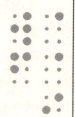

交通拥堵治理宜遵循"第三优原则"

刘宇飞

随着"春节模式"的结束,城市交通拥堵模式将重新开启。近日有报道称,北京市将力争研究出台差别化停车收费调整优化方案,引导降低中心城区车辆使用强度,还将研究制定交通拥堵费政策。可以想见,围绕有关政策的不同意见也将会如影随形。

城市交通拥堵是世界范围内很多城市在经济发展到一定阶段之后都会面临的难题,运用经济学分析方法探究拥堵的原因与治理对策,可以得到有益的启示。但毋庸讳言,一些分析致力于针对这一复杂的城市治理问题提出最优的或次优的解决方案,难免显得顾此失彼或过于理想化。

经济学最基本的分析方法之一是供求分析。道路拥堵表明需求大于供给,如果道路需求都是合理的,那么扩大供给就是解决之道。若果然无需任何限行措施就可解决拥堵问题,则当然是"最优解",但至少对于城市道路而言,显然此路不通。经济学家认识到这一点,愿意接受不理想的现实约束,提出"次优"的解决方案。主要是研究需求方面的特征,并提出对策。

城市道路需求方面的突出特征之一是,当使用量超过一定水平之后,新增加的使用会造成"负外部性",即给其他使用者带来道路使用成本的增加。由于当事人往往只算计他自己使用道路的成本和收益,而不会将其行为给其他人造成的额外成本纳入到其自身理性决策的考虑之中,就会导致其道路使用量往往超过社会最优水平,造成城市道路使用的拥挤成本上升。顺理成章的治理对策就是,向道路使用者征收道路使用费,收费数量的确定,应该刚好等于其加入交通之中给其他车辆带来的成本的增加,亦即使其自身感受到其交通参与行为给其他人带来的不便,促使其将外部效应内部化。

麻烦在于,随着道路通行费的征收,使用道路的成本上升,道路的需求量会趋于下降,从而拥挤成本会随之降低,而这意味着,最优的通行费率也应该随之下调。虽然理论上可以建立模型,确定动态的费率调整的路径和具体计算公式,但是,难以想象,在现实中如何实时根据城市道路拥堵状况随时调整最优的收费水平。即使能够调整收费水平,已经在公路上的车辆在"技术上"也无法及时对于价格变化做出反应。

从经济学的效率标准看,解决拥堵的最优收费意味着,所收费用应该既不高也不低,刚好达到使道路既不拥堵,又不闲置的理想境界。尽管电子技术的进步似乎使得收费的方法可以更低的成本付诸实施,比如可以做到不停车就记录使用并收费,但随时根据道路使用情况调整最优费率,确保总是既不少收也不多收,仍是不可能完成的任务。

从已经实施城市道路使用征收拥堵费的方法的有关城市的实践看,新加坡不仅起步早,而且在新技术的使用上也独领风骚。在1998年就率先采用了电子道路收费系统(ERP),并确定了每半小时若限制区道路车辆平均时速低于设定的临界值则调高费率的机制,但其费率的调整并不频繁,显然也只是大致做出原则性的区分,而不是进行理想的动态最优调整。从实施效果看,也只是说每日降低了车辆流量多少百分比,提高了平均车速多少百分比。换言之,只能说是缓解了拥堵,而不是彻底解决了拥堵。

这样说当然无意否定实施道路拥挤收费的积极作用,而是说,即便先进如实施了动态调整收费费率原则的新加坡,仍难说是落实了次优原则。次优思想的精髓在于,将不可改变的扭曲作为新的约束条件,求出新的最优解。进而,只有掌握了实现新的最优条件所需要的全部信息,并在此基础上,全面落实新的最优条件,才称得上是落实了次优原则。

即便未来大数据的处理技术进一步发展,可以无限趋近经济学家的效率标准,在城市道路使用上还有其他维度的问题未予考虑,如公平和自由,所以仍然不能令人满意。城市道路不是私人品,属于共同产权,若不付费就不能使用,则意味着人们所拥有的"消极自由"的减弱。特别是低收入者,如果其使用道路的权利因为付不起通行费而被剥夺,显然有失公平。

经济学是否应该关注效率以外的目标,在经济学家中是不乏争议的话题之一。但即便从效率角度出发,关注自由与公平也是有道理的。自由自不必说,经济学家一向推崇自由竞争带来效率。就公平而言,2014年受到热议的法国经济学家匹克迪的著作,以及稍早美国经济学家克鲁格曼的文章,以及国际货币基金组织的有关研究报告都表明,不平等会影响效率。当然,城市道路使用上的不平等及其影响究竟有多严重,需要另作具体求证。但可能正是因为有这些维度的考量,征收交通拥堵费的做法在世界各地都不是一项受欢迎的政策,也很少被采纳和付诸实施。

经济学思路下,可能有一种为拥堵收费无关公平的辩解,认为该法可以使道路由时间价值最高的人使用。收入低的人,因为时间的货币价值较低,所以并不在意时间的节约,不愿付出相对较高的使用费。看似不无道理,在收费制度下,道路使用者自主选择,实现了"分离均衡"。但这一看法回避了低收入者的时间价值之所以较低,恰是因为其收入低,其货币的边际效用才比较高。如果关注道路使用者的"效用价值",则不见得收入低的人,其使用公路的效用价值就低。只是因为穷人的货币的边际效用比较高,所以,用效用价值除以货币的边际效用所得出的使用道路的货币价值就比较低。因此,只考虑货币价值,完全不考虑效用价值,有失公正。

退一步说,如果仅仅是为了使城市道路不拥堵,那么,行政性的限制措施一样可以做到,比如实行更严格的限行或限制牌照的措施等,但人们普遍认为不合意。不合意处之一在于其"一刀切"的特点,没有考虑偏好不同的个人的合理的公路使用需求。但一味强调提高收费到不堵的经济性限制措施同样是"一刀切"的,没有考虑收入不高且货币的边际效用高的人的合理的公路使用需求。而且还派生出新的要处理的问题,比如收的费都去了哪里?如何保证其得到公平、有效、合理的使用?

当然,可以通过将拥堵收费用于改善该法造成的公平方面的损害,比如投入公交系统的扩展和完善等。固然不错,但伦敦收费的例子表明,监督拥堵费收入的使用去向十分必要,至少在实施收费初期,其收费的流向主要是在弥补相应的管理成本的增加。因此,不仅要有相应的制度安排落实专款专用,同时也应具体评估其在改善公平方面的效果。

需要强调,这样说仍然不是否定拥堵道路收费的积极作用,而是意在指出,该法在合意性方面存在缺失,治理对策不宜只考虑单一的维度,过于依赖单一的措施,"综合治理"的原则更为可取。其实,如果把城市道路视为共同资源,而不只是负外部性,那么,对把握该问题的发生原因和解决思路,会有别样的启发。

城市道路无疑是可以共同使用的资源,拥堵则是这一共同资源被过度进入的后果,即所谓"公地悲剧"。与负外部性相比的最大区别在于,造成负外部性的当事人从其行为中只有得益,而造成公地悲剧的当事人,自己也身受其行为的损害。在城市道路使用的问题上,加剧道路拥堵的人自身也要承受他的加入导致的拥挤成本的增加,无法独善其身。这一特点有可能使得当事人的行为与外部性下不同,更有动力自我约束,从而更有可能采取有助于拥堵缓解的行动。

不全面地,这些私人行动包括:减少开车出行,倡导不开车日,每周少开一天车;自主选择非高峰期出行;改乘公交;养成使用道路的良好习惯,路上守规则,不违章抢行,也不压后车;实施错峰上下班或弹性工作时间;搬到距离工作地较近的地区居住等。虽然私人合作行为在城市道路拥堵解决的效果上不会立竿见影,但方向正确,其潜移默化的效果值得期待。

政府的介入也有可能起到积极作用,包括:公交系统的发展和完善;公交专用道和合乘专用道的设置;城市功能布局的调整;适当的牌照限制、出行限制、拥堵收费、停车费、排放税等,也都属于备选方案。但具体如何抉择,需要有一个好的公共选择的过程,让当事人能够参与其中,而不是政府强制出台自以为是最优的或次优的方案。如果当事人能够更多地参与其中,也就更容易接受政策的后果。

面临现实的种种约束,城市拥堵道路的治理的基本原则应该是,不求最优也不求次优,而是应该根据所拥有的信息,多管齐下,能做多好就做多好,这一原则正是黄有光教授提出的"第三优原则"的精髓。看上去这一结论更接近人们的直觉,但很多时候,特别是当"科学"无能为力的时候,回到直觉往往是明智之举。

改革医疗保险支付制度,深化医疗卫生体制改革

石 菊

随着中国经济的飞速发展和居民可支配收入的提高,人民群众对健康的需求不断提高。如何利用有限的资源满足日益增长的医疗服务需求,特别是解决"看病难、看病贵"的问题,成为中国医药卫生体制改革迫在眉睫的重大民生问题。2009年以来,我国启动了新一轮的医疗改革,政府大力提高医疗卫生投入,建立了覆盖城乡居民的社会基本医疗保障制度。截至2011年,城乡居民参加三项基本医疗保险(城镇职工医疗保险、城镇居民医疗保险和新型农村合作医疗保险)的人数超过13亿,医疗保险覆盖率超过95%。医保基本实现全覆盖后随之而来的问题是,如何保证巨大的医疗资源投入能够切实使人民群众获益,而非通过过度医疗等方式转化为医疗机构的利润。在这一背景下,合理化、精细化的医疗保险支付方式制度设计事实上直接影响着医疗机构的运行效率,在深化医药卫生体制改革中具有重大的战略意义。

十八届三中全会明确指出,医药卫生体制改革需要进一步不断深化,而其中重要的方向是"改革医保支付方式,健全全民医保体系"。国务院办公厅在《深化医药卫生体制改革2014年重点工作任务》中提出下一步的工作任务是,"总结地方开展医保支付制度改革的经验,完善医保付费总额控制,加快推进支付方式改革,建立健全医保对医疗服务行为的激励约束机制"。

我国的医疗机构以公立医院为主体。改革开放以后,公立医院逐渐转变成追求商业利益的准市场组织。在医疗领域存在普遍信息不对称的情况下,医生的行为对整个医疗体系的有效运行就显得尤其重要。这里的信息不对

称，是指医生作为专业人员对患者的健康状况有更丰富的信息和更全面准确的判断。医疗保险的支付方式通过定义医疗服务与医院收入之间的关系，确立医疗机构的激励机制。需要强调的是，医保支付通常指政府或者保险公司对医院的支付，以补偿医院给患者提供医疗服务而发生的成本，而并非患者根据医疗保险政策直接支付给医院的医疗花费。

在国际上广为应用的几类医疗保险支付方式包括按服务付费（Fee-for-service）、总额支付（Global Payment）、按病种付费（Bundle payment）、按人头付费（Capitation）和按业绩支付（Pay-for-performance）。按服务付费是指医院从给患者提供的各项服务中单独获得补偿，比如检查费、手术费、挂号费等。该付费方式是基于医疗服务提供以后的实际发生费用。当下我国医疗机构普遍采用的支付方式是按服务付费，这是一种制度设计最为简单，但也被公认为最没有效率的支付方式之一。因为该方式是基于医疗服务数量而非质量进行补偿，而且由于是事后补偿，缺乏事前的约束机制。医生有充分激励通过给患者多做检查和开高价药品，以便获得更高的收入。这一自觉的个体行为选择汇集后可能导致过度医疗、资源浪费和患者满意度降低等问题。

其他的几种支付方式各有利弊。总额支付在事前规定医疗机构在一段时间内的总支付数额。该总额根据一定的标准计算得出，比如医保保费收入或者上一年的医疗花费。总额支付是预付制的一种，该总额与实际发生的医疗服务数量没有直接联系。总额支付的主要优点是简单易行，能有效控制医疗成本，缺点是难以保证医疗质量，并且可能导致医疗机构拒收病人。

按病种付费，顾名思义，是指将不同的医疗服务根据疾病类别进行打包，然后根据病种进行支付。以分娩为例，支付方规定正常分娩的支付额度，比如5 000元，那么这5 000元包括所有与分娩相关的服务，如检查费、床位费、药品费等。按病种付费的主要优点在于能够合理控制医生收入，从而缓解过度医疗并控制成本，而其缺点是执行复杂，需要丰富的数据支持，而且可能引发医疗机构虚报病种。

按人头付费是指将个人一段时间内的所有医疗服务打包给医疗机构，医疗机构获得固定额度的支付。由于个体的差异性,按人头付费通常伴随着风险调整,即人头费的水平根据投保人的健康状况或者医疗花费风险进行调整。具有较高花费风险的投保人人头费较高,以此减少医疗机构挑选健康投保人的动机。按人头付费的优点在于可以有效控制医疗费用,而缺点在于如果医疗市场缺乏竞争,则医生的服务积极性不高,进而可能影响服务质量。

按业绩支付是指医院的支付与业绩指标相关,比如病人满意度、两周复诊率等。这一方式通常与其他的支付方式共同执行,比如按人头付费,目的是在控制费用的同时保证医疗服务的质量。但其缺陷在于有时业绩的指标难以制定统一标准,而且可能诱发医生漠视业绩考核目标以外的医疗服务指标。

我国的医保支付体制改革需要借鉴国际经验,探讨各种支付模式在我国国情下是否具有可操作性。公平有效的支付模式,能够让医院不仅有意愿为患者提供高质量的医疗服务,同时有激励选择合理的医疗手段,并主动减少过度医疗,从而提高医疗投入的效率产出。合理的支付模式的确立,对深化我国医疗卫生体制改革、巩固已取得的改革成果具有深远影响。